"Escrito com a sensibilidade dos pais e a mente do cientista, este livro serve como um guia claro, conciso e imparcial para famílias que precisam tomar a difícil decisão de selecionar os melhores tratamentos para a criança com Transtorno do Espectro do Autismo (TEA). Este livro dá aos pais informações que lhes permitirão avaliar de maneira crítica as suas opções e garantir que os métodos escolhidos sejam sólidos e forneçam à criança a melhor oportunidade de sucesso."

Cassandra R. Newsom, PsyD, psicóloga clínica licenciada, professora assistente de pediatria, psiquiatria e psicologia, Faculdade de Medicina da Universidade Vanderbilt e diretora de educação em psicologia, Instituto para o Tratamento e Pesquisas de Transtornos do Espectro do Autismo, Vanderbilt Kennedy Center

"As famílias de indivíduos com o Transtorno do Espectro do Autismo são bombardeadas com incontáveis relatos de tratamentos eficazes para o autismo. *Breve Guia para Tratamento do Autismo* oferece aos pais e responsáveis informações confiáveis e úteis, que lhes permitirão tomar decisões bem fundamentadas em relação ao tratamento para os seus pequenos com o transtorno do espectro do autismo."

Hanna C. Rue, PhD., diretora executiva, Centro Nacional para o Autismo

"*Breve Guia para Tratamento do Autismo* oferece às famílias um guia introdutório muito acessível sobre os tratamentos atuais para o autismo. A ênfase em evidências científicas fornece informações que o ajudarão na tomada de decisões quanto a que tratamento escolher para este transtorno tão desafiador."

Lauren Cyd Solotar, PhD., CEO, May Institute

"Com a crescente complexidade dos tratamentos para crianças com transtorno do espectro do autismo, o oportuno trabalho de Sandberg e Spritz oferece uma análise bem pensada, concisa e acessível das intervenções disponíveis, a fim de ajudar os pais e as famílias a passarem por este período de confusão e a separar o joio do trigo."

Keith A. Crnic, PhD., professor e diretor,
Departamento de Psicologia, Universidade do Estado do Arizona

"Cuidadosamente investigado e escrito de forma concisa, Sandberg e Spritz oferecem, pela primeira vez, um guia extremamente bem pesquisado e acessível sobre os tratamentos disponíveis para crianças com Transtorno do Espectro do Autismo. As famílias com crianças autistas precisam enfrentar a difícil tarefa de encontrar as melhores intervenções para os seus filhos, em meio a uma gama estonteante de informações fornecidas por profissionais e educadores, por outras famílias, materiais impressos e Internet. O processo de analisar essas informações é assustador, confuso e extremamente demorado, tornando quase impossível para as famílias com uma criança com necessidades especiais obter as orientações fundamentais de que precisam. As autoras não apenas descrevem os tratamentos disponíveis e os seus custos, mas fornecem uma avaliação bem fundamentada do apoio para qualquer intervenção em particular, desde informações on-line a relatos de pais e sólidas evidências científicas. Este livro se tornará o guia definitivo sobre tratamentos para todas as famílias de crianças com autismo, e eu o recomendo com vigor a qualquer um comprometido em otimizar as intervenções para crianças com transtornos do espectro do autismo."

Katherine M. Martien, MD, especialista em pediatria, instrutora no
Massachusetts General Hospital, Faculdade de Medicina de Harvard

BREVE GUIA PARA
TRATAMENTO DO
AUTISMO

BREVE GUIA PARA TRATAMENTO DO AUTISMO

Elisabeth Hollister Sandberg e Becky L. Spritz

M.Books do Brasil Editora Ltda.

Rua Jorge Americano, 61 - Alto da Lapa
05083-130 - São Paulo - SP - Telefones: (11) 3645-0409/(11) 3645-0410
Fax: (11) 3832-0335 - e-mail: vendas@mbooks.com.br
www.mbooks.com.br

Dados de Catalogação na Publicação

SANDBERG, Elisabeth Hollister
Breve Guia para Tratamento do Autismo/ Elisabeth Hollister Sandberg e
Becky L. Spritz.
São Paulo – 2017 – M.Books do Brasil Editora Ltda.
  1. Psicologia 2. Autismo
ISBN: 978-85-7680-292-1

©2013 Elisabeth Hollister Sandberg e Becky L. Spritz
©2017 M.Books do Brasil Editora Ltda.

Do original: A Brief Guide to Autism Treatments
Publicado originalmente por Jessica Kingsley Publishers

Editor: Milton Mira de Assumpção Filho
Tradução: Dayse Batista
Revisão técnica: Marcia Regina Schartner Peres
Produção editorial: Lucimara Leal
Editoração e capa: Crontec

2017
Direitos exclusivos cedidos à
M.Books do Brasil Editora Ltda.
Proibida a reprodução total ou parcial.
Os infratores serão punidos na forma da lei.

Dedicamos este livro a todos os
pais que precisaram de
ajuda para tomarem decisões.

AGRADECIMENTOS

Nós devemos agradecimentos a muitas pessoas que fizeram este livro possível, mas duas fontes de inspiração demandam um agradecimento explícito:

Elisabeth Hollister Sandberg agradece aos estudantes de doutorado da Suffolk University, em Boston, que participaram do "Seminário sobre Autismo em Contexto". Este livro cresceu a partir do projeto que focou a união da ciência com a prática clínica de forma genuinamente conectada com os desafios enfrentados pelas famílias.

Becky L. Spritz agradece ao senhor Matthias Brown e à comunidade de Petersfield, Jamaica, por relembrá-la de que o autismo é um problema global e que, a despeito de tudo que sabemos sobre o autismo, há muito mais o que não sabemos.

SUMÁRIO

Notas 15

1. Sobre este Livro 17
Elisabeth Hollister Sandberg e Becky L. Spritz

O que é o espectro do autismo? 17
Por que escrevemos este livro 18
O que o livro aborda e o que não aborda... 20

2. A Ciência e o Vocabulário Científico 21
Elisabeth Hollister Sandberg e Becky L. Spritz

A ciência exige dados... 21
O vocabulário 21
Por que não podemos ter evidências sólidas para tudo?.................. 30

3. Análise Comportamental Aplicada 31
Mallory L. Dimler e Elisabeth Hollister Sandberg

O que é a análise comportamental aplicada? 31
Como a análise comportamental aplicada funciona como tratamento
para TEA?... 32
    Ensino por tentativas discretas... 33
    Treinamento de resposta essencial.. 35
O que há na internet sobre a análise comportamental aplicada como
tratamento para TEA? 35
O que os cientistas dizem sobre a análise comportamental aplicada? 37
Quais são os custos da análise comportamental aplicada?................ 39

4. Quelação 41

Jill Myerow Bloom e Elisabeth Hollister Sandberg

O que é quelação? 41
Como a quelação supostamente funciona como tratamento para
o TEA? 41
O que há na internet sobre a quelação como tratamento
para o TEA 42
O que os cientistas dizem sobre a quelação? 44
Quais são os custos da quelação? 46

5. Terapia Craniossacral 49

Nicholas D. Taylor e Elisabeth Hollister Sandberg

O que é a terapia craniossacral? 49
Como a terapia craniossacral supostamente opera em um tratamento
para TEA? 50
O que há na internet sobre a terapia craniossacral como
tratamento para o TEA? 51
O que os cientistas dizem sobre a terapia craniossacral? 53
Quais são os custos da terapia craniossacral? 55

6. Terapia da Vida Diária 57

Katherine K. Bedard e Elisabeth Hollister Sandberg

O que é a terapia da vida diária? 57
Como a terapia da vida diária supostamente funciona como
tratamento para o Tea? 57
O que há na internet sobre a terapia da vida diária como tratamento
para o TEA 60
O que os cientistas dizem sobre a terapia da vida diária? 60
Quais são os custos da terapia da vida diária? 61

7. Modelo de Desenvolvimento Baseado no Relacionamento e na Diferença Individual/Floortime 63

Kristen L. Batejan e Becky L. Spritz

O que é o modelo de desenvolvimento baseado no relacionamento
e na diferença individual/Floortime? 63
Como o DIR/floortime supostamente funciona como tratamento
para o TEA? 64
O que há na internet sobre o DIR/Floortime como tratamento
para o TEA 66
O que os cientistas dizem sobre o DIR/Floortime? 67
Quais são os custos do DIR/Floortime? 68

8. Suplementos Nutricionais 71

Elisabeth Hollister Sandberg e Kristen L. Batejan

O que são os suplementos nutricionais? 71
Como os suplementos nutricionais supostamente funcionam como
tratamento para o TEA? 71
O que há sobre suplementos nutricionais como tratamento para o TEA
na Internet 74
O que os cientistas dizem sobre suplementos nutricionais? 75
Quais são os custos dos suplementos nutricionais? 77

9. Dieta Sem Glúten/Sem Caseína 79

Elisabeth Hollister Sandberg e Susan E. Michelson

O que é uma dieta sem glúten e sem caseína? 79
Como uma dieta sem glúten/sem caseína supostamente funciona
como tratamento para o TEA? 79
O que há na internet sobre uma dieta sem glúten/sem caseína como
tratamento para o TEA 81
O que os cientistas dizem sobre a dieta sem glúten/sem caseína? 83
Quais são os custos de uma dieta sem glúten e sem caseína? 86

10. Oxigenoterapia Hiperbárica 89

Nicholas D. Taylor e Elisabeth Hollister Sandberg

O que é a oxigenoterapia hiperbárica? 89
Como a oxigenoterapia hiperbárica supostamente funciona como
tratamento para TEA? 89

O que há na internet sobre a oxigenoterapia hiperbárica como tratamento para TEA 91
O que os cientistas dizem sobre a oxigenoterapia hiperbárica? 93
Quais são os custos da oxigenoterapia hiperbárica? 95

11. O Método Miller 97
Mary Beth Mccullough e Elisabeth Hollister Sandberg

O que é o método Miller? 97
Como o método Miller supostamente funciona como tratamento para o TEA? 97
O que há na Internet sobre o método Miller como tratamento para TEA 100
O que os cientistas dizem sobre o método Miller 101
Quais são os custos do método Miller? 102

12. Musicoterapia 105
Elisabeth Hollister Sandberg e Katherine K. Bedard

O que é a musicoterapia? 105
Como a musicoterapia supostamente funciona como tratamento para o TEA? 105
O que há na internet sobre a musicoterapia como tratamento para TEA 107
O que os cientistas dizem sobre a musicoterapia? 109
Quais são os custos da musicoterapia? 111

13. Programa de Consultoria Domiciliar do Projeto P.L.A.Y. 113
Kirstin Brown Birtwell e Becky L. Spritz

O que é o programa de consultoria domiciliar do projeto P.L.A.Y.? 113
Como o programa de consultoria domiciliar do projeto P.L.A.Y. Supostamente funciona como tratamento para TEA? 114
O que há na internet sobre o programa de consultoria domiciliar do projeto P.L.A.Y. Como tratamento para o TEA 115
O que os cientistas dizem sobre o programa de consultoria domiciliar do projeto P.L.A.Y.? 116

Quais são os custos do programa de consultoria domiciliar do
projeto P.L.A.Y.? 118

14. Intervenção para o Desenvolvimento do Relacionamento 121
Mary Beth McCullough e Elisabeth Hollister Sandberg

O que é a intervenção para o desenvolvimento do relacionamento? 121
Como a intervenção para o desenvolvimento do relacionamento
supostamente funciona como tratamento para o TEA? 122
O que há na internet sobre a intervenção para o desenvolvimento do
relacionamento como tratamento para TEA..125
O que os cientistas dizem sobre a intervenção para o desenvolvimento
do relacionamento? 125
Quais são os custos da intervenção para o desenvolvimento do
relacionamento? 127

15. Terapia de Integração Sensorial 129
Elisabeth Hollister Sandberg e Susan E. Michelson

O que é a terapia de integração sensorial?..129
Como a terapia de interação sensorial supostamente funciona como
tratamento para TEA? 130
O que há na internet sobre a terapia de integração sensorial como
tratamento para TEA? 132
O que os cientistas dizem sobre a terapia de integração sensorial..........133
Quais são os custos da terapia de integração sensorial? 135

16. O Programa Son-Rise 137
Joseph C. Viola e Elisabeth Holister Sandberg

O que é o programa Son-Rise?..137
Como o programa Son-Rise supostamente funciona como
tratamento para TEA? 137
O que há na internet sobre o programa Son-Rise como
tratamento para TEA? 140
O que os cientistas dizem sobre o programa Son-Rise?..........................141
Quais são os custos do programa Son-Rise? 142

17. TEACCH **145**

Mary Beth McCullough e Elisabeth Hollister Sandberg

O que é o TEACCH? 145
Como o TEACCH supostamente funciona como tratamento
para TEA? 146
O que há na internet sobre o TEACCH como tratamento para
o TEA 148
O que os cientistas dizem sobre o TEACCH? 149
Quais são os custos do TEACCH? 151

18. Uma Palavra sobre Medicamentos **153**

Elisabeth Hollister Sandberg e Becky L. Spritz

Referências **159**

Índice Remissivo **169**

NOTAS

ADVERTÊNCIA PARA OS LEITORES INTERNACIONAIS

Nós, as autoras deste livro, vivemos e trabalhamos nos Estados Unidos. Assim, o nosso enfoque é necessariamente centrado na América do Norte. A vasta maioria do que relatamos se aplica a outros países, mas os nossos leitores internacionais poderão descobrir que o acesso, legalidade, disponibilidade e licenças para a prática dos tratamentos são diferentes em seus países. Ocasionalmente, mencionamos a Food and Drug Administration (FDA), entidade que, nos Estados Unidos, controla tudo o que se refere a medicamentos e tratamentos médicos. A FDA é reconhecida, em geral, como uma entidade mais rígida do que os órgãos normativos equivalentes em muitas outras nações. Além disso, nossas estimativas de custo são informadas em dólares dos Estados Unidos.

FEEDBACK

Sem dúvida, teremos leitores que desejarão chamar a nossa atenção para evidências adicionais ou desejarão a inclusão de tópicos adicionais. Apreciamos sugestões que possam orientar e moldar futuras edições deste livro. Envie correspondência por e-mail para: AutismTreatmentBook@gmail.com.

1

SOBRE ESTE LIVRO

Elisabeth Hollister Sandberg e
Becky L. Spritz

O QUE É O ESPECTRO DO AUTISMO?

Se você está lendo este livro, provavelmente tem um filho ou conhece uma criança com um Transtorno do Espectro do Autismo (TEA). Não entraremos em detalhes sobre o diagnóstico, exceto para dizer que o autismo é um transtorno do desenvolvimento com base neurológica, caracterizado por déficits nos domínios da comunicação, interação social e comportamento. É possível observar que a criança com TEA apresenta dificuldades nas seguintes áreas:

- Comunicação:
  - Não aponta nem utiliza outros gestos.
  - Lento desenvolvimento da linguagem.
  - Dificuldade para iniciar ou manter uma conversa.
  - Inversão dos pronomes "eu" e "você".
  - Repetição de passagens memorizadas.

- Interação social:
  - Retraimento.
  - Não brinca de modo interativo.
  - Mínimo contato ocular.
  - Dificuldade em fazer amizades.
  - Falta de empatia.

- Comportamento:
  - Interesses muito estreitos e obsessivos.
  - Agressivo ou violento.
  - Forte necessidade por rotina.
  - Ataques de birra.
  - Movimentos corporais repetitivos.
  - Pouca brincadeira de faz de conta.
  - Abordagem incomum à estimulação sensorial.

O tipo de dificuldade enfrentado por qualquer criança nessas três áreas pode variar imensamente, por isso o uso do termo "espectro". Uma criança com autismo pode ser verbal ou não verbal, agressiva ou retraída, excessiva ou inadequadamente sensível a estímulos, um gourmet dedicado ou alguém muito seletivo em relação à alimentação, uma criança que fica acordada a noite inteira ou que é capaz de dormir enquanto o mundo explode à sua volta. Não existe uma característica comum compartilhada por todas as crianças autistas. A constelação completa dos sintomas é que leva a um diagnóstico de TEA.

Devemos dizer, de modo muito claro, a grande e indesejada verdade que é **o autismo não tem cura**. Não acredite em "histórias de milagres" que você tenha escutado sobre crianças que foram curadas do autismo. Crianças cujos sintomas de autismo desapareceram completamente ao passarem por algum tratamento ou intervenção não eram autistas, em primeiro lugar, embora possam ter tido esse diagnóstico incorreto. Também certamente é verdade, porém, que os sintomas de autismo podem ser manejados e, com frequência, acentuadamente reduzidos por vários tratamentos e intervenções.

POR QUE ESCREVEMOS ESTE LIVRO

Este livro não pretende fazer recomendações, promover ou condenar certos tratamentos ou intervenções. Embora nós, as autoras, sejamos cientistas do comportamento e tenhamos opiniões sobre a qualidade das evidências em apoio a determinados tratamentos e intervenções, escrevemos este livro para que seja informativo, não crítico. Entendemos que os pais farão escolhas motivadas por combinações de ansiedade, esperança, valores, crenças e praticidade. Embora as decisões que cada família toma sobre intervenções para o autismo nem sempre sejam guiadas por dados científicos, ainda assim pensamos que é extremamente importante que os pais não apenas conheçam os dados científicos, ainda que de uma forma básica, mas também estejam conscientes sobre as intervenções minimamente apoiadas em evidências. A falta de evidências não precisa ser uma contraindicação para a escolha de uma intervenção, mas os pais precisam entender as bases para tomar suas decisões. Desejamos reduzir o número de intervenções assumidas devido a enganos ou percepções incorretas por quem as escolhe. Temos encontrado, com frequência excessiva, famílias que escolheram intervenções com base nas informações que acreditavam ser verdadeiras, mas que não eram.

Livros como este oferecem diversas vantagens sobre as pesquisas ou navegação na Internet. É fácil perder-se ao consultar sites na Internet, já que os *links* dentro das páginas podem levar a rumos imprevistos. Sem um acompanhamento muito atento e sistemático do processo de pesquisa, as fontes de informações muitas vezes não estão claras. Talvez você se descubra pensando: "Onde foi que achei aquela informação? Quem recomendou isso? Quais eram as credenciais daquela pessoa?". Isso é especialmente problemático quando vemos informações contraditórias em diferentes fontes, uma situação que requer recordar e reconstruir as informações de modo a permitir a deliberação reflexiva. Embora muitas pessoas reconheçam que alguns sites da Internet publiquem conteúdo incorreto, pode ser difícil separar o joio do trigo. O nosso livro pretende oferecer o conforto da credibilidade de especialistas. Esperamos que se torne um guia portátil, confiável e funcional para consultas – um guia no qual você fará anotações, discutirá o conteúdo com outras pessoas, levará às consultas médicas e reuniões escolares e compartilhará com outras famílias.

Tudo o que sabemos sobre o TEA muda com muita rapidez. Será que isso significa que este livro estará obsoleto antes do fim da sua leitura? Não! Os tratamentos que apresentamos aqui não são novos, no verdadeiro sentido da palavra. A maior parte deles tem sido usada pelo menos desde o começo do século XXI e não mostra sinais de declínio na popularidade. Ideias de tratamentos que começam a emergir, se tiverem mérito, levarão anos para se firmarem, e muitos anos mais para que estudos científicos as corroborem.

O QUE O LIVRO ABORDA E O QUE NÃO ABORDA

Cada um dos 15 capítulos do livro aborda um enfoque diferente de tratamento para crianças com TEA. Esta lista não é absolutamente exaustiva; centenas de intervenções terapêuticas potenciais têm sido adotadas por famílias, em suas tentativas de gerenciar o TEA. Os tópicos selecionados representam as intervenções mais comuns, embora às vezes sejam controvertidas. A maior parte representa as terapias e tratamentos que resultam de uma pesquisa típica na Internet, e que aparecem com frequência em livros sobre autismo e TEA. Outros tópicos foram incluídos em virtude de sua história longa e sólida. Uma vez que desejávamos que este livro fosse um guia essencial dos fundamentos dos tratamentos, não analisamos aqueles que já foram praticamente abandonados e que fazem parte da história das intervenções para TEA (por exemplo, a terapia do renascimento). Além disso, não incluímos os tratamentos que se posicionam nos limites da nossa área de atuação, embora alguns destes possam, com o tempo, adquirir status e respeito como intervenções realmente bem-sucedidas. Finalmente, não estamos afirmando que os tratamentos não abordados neste livro não têm valor potencial ou finalidade, mas nos limitamos às intervenções principais e mais acessíveis aos pais de crianças com TEA, trazendo a eles informações úteis e fáceis de conferir.

2
A CIÊNCIA E O VOCABULÁRIO CIENTÍFICO

Elisabeth Hollister Sandberg e
Becky L. Spritz

A CIÊNCIA EXIGE DADOS

Uma das premissas deste livro é que as evidências empíricas são fundamentais para a avaliação de um tratamento ou intervenção. Para que um tratamento tenha apoio empírico, alguém deve ter medido cientificamente dados que demonstram que esse enfoque funciona. Isso é o que diferencia a ciência e as opiniões empíricas, crenças, teorias ou lógica. Não importa se alguém acredita, independentemente do quanto pareça razoável, que um tratamento é eficaz; a eficácia precisa ser demonstrada através da observação e de resultados mensuráveis. Os blogs, a Wikipédia e outros sites da Internet dão a impressão de que os tratamentos têm apoio empírico, quando isso pode não ser verdade. Em cada um dos capítulos a seguir, descrevemos as informações empíricas e não empíricas sobre cada tratamento, para podermos ajudar os pais a reconhecerem as fontes das afirmações feitas e pesarem a respeito delas.

O VOCABULÁRIO

Embora tenhamos nos esforçado para manter as avaliações das evidências científicas o mais simples e claro possível, sempre existe uma terminologia associada aos métodos usados para a condução de pesquisas sobre terapias e intervenções. Em vez de explicarmos tais termos repetidamente dentro dos capítulos, decidimos defini-los aqui, onde podem ser consultados facilmente. Incentivamos o leitor a usar este capítulo como um recurso, tanto para os capítulos a seguir quanto para o esclarecimento das fontes externas de informação. Alertamos que no contexto científico alguns termos assumem significado diferente daquele usado no dia a dia. Os termos são apresentados em ordem alfabética, mas algumas das definições requerem um entendimento de outras definições. Em termos práticos, isso significa que o leitor talvez precise recorrer à definição dos termos que apresentamos aqui mais de uma vez. Quando uma palavra aparecer em itálico, nas explicações a seguir, esta palavra será definida em outro ponto na lista.

TEA: Optamos por usar o acrônimo TEA para nos referir ao Transtorno do Espectro Autista e ao diagnóstico, ou diagnósticos, do espectro do autismo. Utilizamos TEA para nos referir, em geral, a todo o espectro do autismo e para evitarmos classificações distintas, como "autismo grave", "TID" (Transtorno Invasivo do Desenvolvimento) ou "Síndrome de Asperger".

Cego/duplo-cego: "Cego" significa que os participantes em um estudo (as crianças ou suas famílias) não conhecem o tratamento que estão recebendo. "Duplo-cego" significa que nem os participantes nem a pessoa que conduz o estudo sabe qual tratamento está sendo recebido por cada indivíduo. Esta é uma ferramenta extremamente importante nos estudos de tratamentos, porque iguala o efeito placebo entre os problemas de saúde e todos os pacientes têm a mesma expectativa de estar recebendo um tratamento real. Isso também significa que os médicos, pesquisadores e pais não podem influenciar inadvertidamente o desfecho do tratamento. Por exemplo, imagine um tratamento fictício sobre um medicamento para reduzir o comportamento "bobo" das crianças. Uma enfermeira está encarregada de distribuir os medicamentos às famílias participantes no estudo. Algumas famílias recebem o comprimido redutor do comportamento "bobo" e outras recebem um comprimido de açúcar (um placebo). Se os pais sabem que estão dando ao filho um comprimido redutor do comportamento bobo, eles podem informar que o comportamento da criança foi menos bobo no fim do dia, apenas porque esperavam uma redução em tal comportamento. Se os pais são cegos quanto ao seu grupo de trabalho e não sabem se receberam os comprimidos reais ou comprimidos de açúcar, isso garante ao pesquisador que os resultados não se devem aos efeitos esperados da intervenção. Em um estudo duplo-cego, a enfermeira que distribui o medicamento às famílias não sabe que família recebeu o comprimido real ou o comprimido de açúcar, de modo que não pode incentivar mais ou menos a família sobre os efeitos potenciais dos comprimidos.

Estudo de caso: é um projeto específico de pesquisa no qual as experiências ou progresso de uma única pessoa são descritos em detalhes. Por exemplo, uma criança pode precisar seguir uma dieta especial. Anotações detalhadas e frequentes sobre o comportamento da criança tão tomadas durante um longo período. Esses dados sobre a criança são chamados de "caso". Estudos de casos permitem um exame profundo dos efeitos de um tratamento, mas não há poder para a generalização; não podemos dizer que outro indivíduo teria as mesmas experiências ou progresso. Estudos de casos são menos vantajosos que outros modelos de pesquisas, porque não permitem o controle ou a randomização. Embora os estudos de casos tenham muito pouco poder explanatório, eles são mencionados com frequência como evidências para tratamentos e intervenções para TEA. As experiências de uma criança podem ser interessantes, e podem sugerir rumos para pesquisas futuras, mas não são evidências que possam ser usadas para se tomar decisões acerca de outras crianças.

Conflito de interesse: Na ciência, um conflito de interesse significa que um pesquisador obtém alguma espécie de vantagem (fama ou dinheiro) se os resultados de determinado estudo forem favoráveis. Isso ocorre quando o criador de um programa, dispositivo ou fármaco está estudando pessoalmente a sua eficácia. Quando os pesquisadores têm um conflito de interesse, quaisquer resultados que relatam deverão ser interpretados com muito cuidado. Casos de fraude científica, nos quais os pesquisadores manipulam os resultados para que sejam positivos, são raros, embora ocorram. As chances de desvios sutis, contudo, são reais. Idealmente, qualquer resultado positivo descoberto por um pesquisador com um conflito de interesse deve ser replicado por um grupo de pesquisadores independentes e objetivos.

Controle: Com frequência, os pesquisadores discutem sobre a importância do controle das variáveis. Isso significa mantem constantes determinadas características de pessoas estudadas, porque desejamos garantir que quaisquer diferenças observadas se devem aos tratamentos, não às diferenças entre os indivíduos nos grupos de trabalho. Por exemplo, um grupo de 20 crianças participa em um estudo de intervenção para melhorar a leitura das crianças – 10 das crianças assistem ao Programa A, e 10 assistem ao Programa B. Ao término do estudo, os resultados indicam que as crianças que assistiram ao Programa A são melhores leitoras, mas o fato é que as crianças que assistiram ao Programa A também eram mais velhas que aquelas que assistiram ao Programa B. Não podemos discernir se os resultados se devem à vantagem de assistir ao Programa A ou se ocorrem devido à idade, porque crianças mais velhas podem ler melhor. Interpretar os resultados de qualquer estudo requer atenção às variáveis que foram controladas e àquelas que não foram. Cada variável sem controle representa uma possível explicação alternativa para o resultado.

Grupo de controle: Na pesquisa referente a um tratamento, o grupo de controle consiste em um grupo de pessoas que participa da pesquisa, mas que não recebe o tratamento. Se 10 crianças de 10 anos participam de um programa especial para a linguagem, a estratégia recomendada é comparar seu progresso com 10 outras crianças de 5 anos que não participaram do programa. Um grupo de controle permite a comparação dos efeitos de um tratamento com quaisquer mudanças nos sintomas ou comportamento quando não é aplicado qualquer tratamento; este é o único modo de garantir que as alterações não se devem a fatores naturais, como o amadurecimento. No caso em que nenhum tratamento é administrado, isso é chamado de grupo de controle sem tratamento. Um grupo de controle também pode receber um tratamento placebo para tornar o estudo ainda melhor.

Estudo cruzado, ou "crossover": envolve diferentes grupos de indivíduos que recebem tratamentos diversos em diferentes momentos e, ocasionalmente, em diferente ordem. Isso é semelhante ao que você faria se estivesse testando informalmente se a irritação cutânea do seu filho foi causada por um novo sabão em pó usado na lavagem de roupas. Você utiliza o sabão por uma semana, observando o estado da irritação. Depois, muda para outro sabão em pó por uma semana e percebe que a irritação desapareceu. Será que isso significa que a causa era o sabão? Não necessariamente, talvez a irritação fosse causada por um vírus que seguiu seu curso natural ou por alguma alteração química. Para certificar-se, você volta a utilizar o antigo sabão por uma semana e observa se a irritação volta. Você volta ao sabão novo várias vezes. Ter vários pontos de dados permite dizer com alguma confiança se a irritação na pele estava ou não relacionada ao sabão.

Homogeneidade (grupo homogêneo): é aquele em que todos os membros são muito semelhantes, por exemplo, têm a mesma idade, são do mesmo gênero, com o mesmo nível de diagnóstico, a mesma raça ou etnia, o mesmo nível de rendimentos familiares. Os Marcianos, de *Toy Story*, representam um grupo extremamente homogêneo de brinquedos. Estudar um grupo homogêneo nos dá mais confiança de que todos os participantes deverão responder ao tratamento de forma semelhante, mas também limita a generalização dos resultados a indivíduos similares ao grupo em estudo, por exemplo, generalizar a partir dos Marcianos de *Toy Story* para outros tipos de brinquedos. Isso contrasta com um grupo heterogêneo, no qual os membros são diferentes. Juntos todos os personagens de *Toy Story* (Woody, Buzz, Cabeça de Batata, Slinky e os Marcianos) formam um grupo heterogêneo. A heterogeneidade permite maior generalização, para brinquedos em geral, mas permite menos controle.

Meta-análise: é uma revisão matemática sistemática da literatura das pesquisas que utiliza os dados reais (ou números) coletados por muitos outros pesquisadores para a condução de uma análise estatística mais abrangente. É semelhante a uma resenha geral de um filme, utilizando todas as resenhas de todas as fontes disponíveis (cada jornal e revista que analisou o filme), embora mais científica.

A meta-análise pode ser conduzida somente se suficientes dados estatísticos forem coletados em uma abordagem de tratamento específica. Ela é, por conseguinte, em si e por si, indicativo de que uma intervenção foi razoavelmente bem pesquisada.

Placebo: é uma substância ou procedimento sem efeito terapêutico conhecido (por exemplo, um comprimido de açúcar). O efeito placebo ocorre quando algo muda apenas porque esperamos que mudasse. Bons estudos de pesquisa frequentemente utilizam um grupo de controle com placebo. Este pode ser um grupo de participantes que recebeu um tratamento "falso", um tratamento que os pesquisadores sabem que não terá efeito algum, mas o grupo não sabe. Uma terapia de relaxamento, por exemplo, poderia ser comparada com ioga para o tratamento de ansiedade. Os participantes de ambos os grupos tendem a acreditar que estão recebendo um tratamento e, portanto, esperam sentir menos ansiedade porque estão recebendo uma intervenção. Se a terapia de relaxamento é realmente eficaz para a redução da ansiedade, porém, aqueles que participam dela devem demonstrar maior melhora no funcionamento que o grupo com ioga. Incluir um grupo com placebo permite que o investigador compare os efeitos de um tratamento com o que as pessoas esperam que aconteça ao receberem o tratamento, o que é uma comparação científica mais rigorosa. Comparar um tratamento real com um placebo permite que um investigador determine se uma intervenção tem um efeito acima e além das expectativas de uma pessoa.

Prospectivo: Por definição, *prospectivo* significa o planejamento prévio de algo. Um estudo prospectivo de tratamento é aquele em que um grupo de indivíduos é identificado e então estudado ao longo do tempo. Uma vantagem clara de estudos prospectivos é que permitem que os investigadores meçam a mudança desde antes da intervenção até um momento posterior ao seu término. Digamos que alguém formulou a hipótese de que jogar *video games* leva as pessoas a contarem histórias mais agressivas. Um estudo prospectivo avaliaria a linguagem de um indivíduo durante a narrativa, depois permitiria que jogassem jogos de vídeo e, então, mediria novamente a sua linguagem ao contar histórias. Em comparação, um estudo retrospectivo examina como as pessoas presumem que mudaram, sem terem uma medida objetiva desde antes do início da intervenção.

Randomização: é uma técnica específica de pesquisa na qual cada participante tem chances iguais de ser atribuído a um grupo. Esta definição científica da palavra *random* (aleatório) contrasta acentuadamente com a definição de *leigos*, que implica que algo ocorre por sorte ou acaso. Por exemplo, um amigo anuncia que fará uma viagem à Europa e você pergunta: "Como você decidiu para onde iria?" Seu amigo pode responder: "Foi totalmente aleatório! Minha mãe planejava ir à Espanha e eu decidi ir com ela!". Na ciência, porém, *random*, ou aleatório, significa algo muito mais preciso do que algo não planejado. Em um estudo randomizado de tratamento, cada indivíduo tem chance igual de ser designado a cada tratamento ou a um grupo sem tratamento. Portanto, se a Europa fosse determinada aleatoriamente como destino de férias de alguém, haveria a mesma chance de ir para qualquer um dos países da União Europeia. Similarmente, se um grupo de 20 crianças com TEA participar de um estudo comparando dois programas de tratamento diferentes, os nomes de 10 crianças serão retirados de uma urna, falando-se em termos metafóricos, e essas crianças serão designadas para o Tratamento A. As outras serão designadas para o Tratamento B. Um exemplo de um modelo de estudo que não é randomizado seria designar as 10 crianças com TEA da sala de aula da professora Maria para o Tratamento A, enquanto as 10 crianças com TEA da sala de aula da professora Sílvia vai para o Tratamento B. Casos em que pessoas se oferecem como voluntários em determinado tratamento também violam as condições de randomização. Embora a distribuição aleatória (randomizada) para tratamentos ou grupos seja o modo ideal de se conduzir um estudo, existem tantas práticas de estudo de crianças com TEA que tornam a pesquisa extremamente difícil.

Retrospectivo: Em um estudo retrospectivo, uma pessoa examina o passado, ou os investigadores examinam dados após um fato, contrastando-o com o *estudo prospectivo*, no qual a coleta de dados é planejada previamente – veja a definição dada anteriormente. Imagine um grupo de indivíduos que participou em um *workshop* de gestão de tempo na biblioteca da cidade. Após a conclusão do *workshop*, os participantes podem ser solicitados a avaliar suas novas habilidades de gestão de tempo. A desvantagem de estudos retrospectivos é que não existem dados de "antes" com os quais comparar os dados de "depois". Portanto, com um estudo retrospectivo, podemos determinar um nível de desempenho após um tratamento, mas não podemos saber se tal nível de desempenho realmente representa uma melhora em relação ao nível anterior. Estudos retrospectivos também não podem ser randomizados. Isso aumenta a possibilidade de algum fator não reconhecido guiar os resultados observados, em vez de o fator que o pesquisador julgava causar o resultado.

Revisão: Uma revisão, tecnicamente chamada de revisão sistemática ou revisão abrangente, ocorre quando um investigador conduz um processo extenso e trabalhoso de descoberta e análise de todos os trabalhos de pesquisas realizados por outros investigadores sobre determinado tópico. A revisão sistemática dos efeitos de determinado suplemento vitamínico, por exemplo, envolveria a descoberta, resumo e avaliação de todas as pesquisas publicadas sobre tal suplemento. Isso é semelhante a uma *meta-análise*, exceto pelo fato de que a revisão não consolida os dados numéricos desses diferentes relatórios, em vez disso, ela dá impressões gerais e resumos.

Amostra: Na ciência, uma amostra é o grupo de pessoas sob estudo. Os investigadores examinam amostras porque é impossível examinarem os efeitos de um tratamento em cada pessoa. Ao preparar um *chili*, o *chef* precisa saber se o nível de tempero está correto, ou seja, suficientemente apimentado, sem exageros. Para determinar isso, ele não prova cada grão de feijão na panela, mas pega uma colherada no meio do preparo para representar o tempero de todo o prato. Similarmente, nós utilizamos os resultados de uma amostra para gerarmos conclusões de como o tratamento pode afetar uma população mais ampla. Em estudos de crianças com TEA, esperamos que as amostras estudadas representem corretamente a população maior de todos os pacientes de TEA. Às vezes, fazemos referência a um "n", que é o tamanho do grupo de amostra. Por exemplo, ao estudar cinco crianças, você diria que o tamanho da sua amostra foi cinco, ou que n=5.

Significante: O termo "significante" é muito específico na ciência. Uma conclusão significante é aquela que, em termos estatísticos, não teria praticamente qualquer chance de ocorrer por acaso. Uma "diferença significante" é um modo científico de dizer que uma diferença é "matematicamente real". Embora dizer que uma diferença é significante seja o mesmo que dizer que é uma diferença provada matematicamente, isto não implica nada sobre o tamanho da diferença. Imagine que cientistas agrícolas estão estudando se o acréscimo de um hormônio do crescimento especial ao fertilizante do milho aumenta o tamanho da safra. Digamos que eles descobriram que os pés de milho tratados com o novo fertilizante apresentam tamanho significantemente maior, em termos estatísticos, que as plantas não tratadas. As safras provaram, matematicamente, ser diferentes, mas a diferença na produção entre as duas safras é menor que cinco gramas! Podemos ter significância matemática sem ter significância prática ou clínica. Quando os cientistas querem declarar a dimensão ou impacto de uma diferença, eles utilizam termos como "substancial", ou expressões matemáticas mais complicadas, como "tamanho do efeito".

O que toda essa terminologia quer dizer quando avaliamos a qualidade das pesquisas? As melhores conclusões sobre causa e efeito, capaz de dizer se uma intervenção causa uma alteração, são obtidas quando combinamos randomização com placebos, um grupo de controle e cegueira para o estudo. O que obtemos com isso é um experimento randomizado, duplo-cego, controlado com placebo. Esta é a ferramenta mais convincente e digna de crédito que os cientistas têm em seu arsenal e nos permite extrair conclusões sólidas acerca dos efeitos de um tratamento. Entretanto, é bastante difícil obter-se todas essas condições, devido às considerações práticas ligadas ao custo, esforço e organização necessária para a condução da experiência. Na verdade, com relação aos tratamentos para TEA apresentados neste livro, poucas intervenções atendem a esses critérios rigorosos.

POR QUE NÃO PODEMOS TER EVIDÊNCIAS SÓLIDAS PARA TUDO?

Se o experimento randomizado, duplo-cego e controlado com placebo é o padrão ouro nas pesquisas científicas, por que todas as pesquisas de tratamentos para o autismo não são conduzidas com esse método? A realidade da situação é que os estudiosos muitas vezes não conseguem elaborar projetos ideais de pesquisa. Não podemos colocar crianças com TEA em ambientes artificiais, eliminar seus contextos educacionais, familiares e sociais ou alimentá-las como desejamos. Além disso, apesar de a incidência de TEA ser maior agora que no passado, ainda não há muitas crianças com TEA em uma comunidade ou escola disponíveis e dispostas a participar de estudos de pesquisa. Os pesquisadores tentam fazer o melhor no estudo das crianças disponíveis, sob as circunstâncias nas quais elas vivem. Isso significa que alguns estudos de pesquisas têm definitivamente maior qualidade que outros. Às vezes, um grande número de estudos abaixo do ideal pode servir como uma contribuição científica significativa, quando considerados coletivamente.

3
ANÁLISE COMPORTAMENTAL APLICADA

Mallory L. Dimler e
Elisabeth Hollister Sandberg

O QUE É A ANÁLISE COMPORTAMENTAL APLICADA (ABA)?

A Análise Comportamental Aplicada (Applied Behavioral Analysis, ou ABA) é um programa de tratamento comportamental abrangente, cujo objetivo é aumentar as habilidades e comportamentos positivos e reduzir comportamentos problemáticos em crianças com TEA. A ABA tem terapeutas treinados para fazer observação criteriosa de comportamentos específicos e dos fatores que os desencadeiam. Depois, o reforço positivo é utilizado para moldar o comportamento na forma de novas habilidades sociais. Os comportamentos problemáticos são abordados pela ausência de reforço para eles. A ABA é implementada em ambientes estruturados, como nas escolas, e não estruturados, como em casa, de modo que a criança possa aprender a generalizar as alterações do comportamento entre os ambientes.

O termo "Intervenção Comportamental Intensiva Precoce" (EIBI, em inglês) refere-se a programas com duração de 25 horas ou mais por semana na terapia individualizada de ABA para crianças muito pequenas, com idades de 2 a 6 anos. O termo EIBI, para todos os fins, é o mesmo que "programa ABA", quando mencionamos intervenções com crianças pequenas.

COMO A ANÁLISE COMPORTAMENTAL APLICADA FUNCIONA COMO TRATAMENTO PARA TEA?

O desenvolvimento da ABA foi influenciado pelo Young Autism Project (YAP), um programa comportamental altamente estruturado para crianças com TEA criado por O. Ivar Lovaas, em 1970. Esse programa foi desenvolvido para oferecer treinamento comportamental individualizado na casa da criança.

A ABA se baseia nos princípios do behaviorismo, uma teoria da psicologia da aprendizagem que explica como as pessoas aprendem e se comportam. O behaviorismo afirma que as ações de uma pessoa não são aleatórias nem imprevisíveis; que todos os comportamentos têm uma finalidade. De acordo com essa teoria, os comportamentos reforçados, para os quais ocorre uma consequência positiva, têm maior propensão à repetição. Embora esta ideia pareça simples, o reforço pode ser algo sutil e extremamente complicado. Nossa tendência é ver o reforço como um evento positivo transparente, como receber elogios por fazer algo certo. Ao observamos os comportamentos do TEA, a noção de reforço vai muito mais fundo que simplesmente receber aprovação ou desaprovação dos pais em resposta a um comportamento. Se uma criança com TEA apresenta regularmente um comportamento indesejável, tal comportamento está ocorrendo porque as consequências para ela estão recompensando a criança de algum modo. O objetivo central da ABA é que a criança com TEA aprenda habilidades específicas que aumentem a probabilidade de se tornar tão independente e bem-sucedida quanto possível no futuro – habilidades como ser capaz de cumprimentar pessoas com educação, solicitar coisas, permanecer em uma fila e abotoar o casaco.

O primeiro passo para iniciar a terapia da ABA é a condução de uma análise comportamental funcional por um terapeuta. Durante a análise comportamental funcional, padrões de comportamento positivos e negativos – padrões que promovem ou interferem com o funcionamento dentro da família ou sala de aula – são identificados. Recorrendo aos princípios da teoria da aprendizagem e do behaviorismo, o terapeuta de ABA formula teorias sobre o que desencadeia certos comportamentos e como tais comportamentos são reforçados. Com informações dos pais e professores, o terapeuta desenvolve um plano individualizado para abordar especificamente os comportamentos-alvo. Técnicas específicas de intervenção – geralmente na forma de recompensas pequenas e que fornecem gratificação imediata, chamadas de "reforços positivos" – são usadas para auxiliar a criança a produzir e manter comportamentos desejados e com relevância social. Os comportamentos problemáticos são redirecionados de maneira intencional ou não são reforçados, como, por exemplo, não responder aos gritos de uma criança, se o objetivo dos gritos é chamar a atenção dos pais. O monitoramento e observação contínuos dão *feedback* ao terapeuta com relação ao progresso da criança, para que os planos de tratamento possam ser ajustados.

Dentro da área da ABA, dois métodos predominantes de intervenção são utilizados no tratamento de TEA: ensino por tentativas discretas (*discrete-trial teaching*, DT) e treinamento de resposta essencial (*pivotal response training*, PRT).

Ensino por tentativas discretas (DT)

O ensino por tentativas discretas, também conhecido como método de Lovaas, é o que as pessoas querem dizer quando mencionam "ABA". Ele compreende sessões de treinamento individualizadas entre uma criança e um terapeuta de ABA. Em cada sessão de treinamento, uma habilidade particular é praticada por tentativas repetidas. O termo "discreto" significa que cada tentativa é separada da próxima. As tentativas devem ser breves e consistem em quatro partes: uma instrução pelo terapeuta, uma resposta da criança, uma consequência imediata para a resposta e um curto intervalo de descanso antes do início da próxima tentativa.

Uma vez que as habilidades básicas do comportamento sejam dominadas, as habilidades complexas – consideras importantes para a criança progredir e avançar – são divididas em conjuntos menores de sub-habilidades básicas, que são ensinadas e reforçadas por tentativas repetidas de instrução, resposta e consequência, com a repetição ocorrendo até a obtenção de um resultado positivo de forma consistente. Por exemplo, uma família pode decidir que é importante que o seu filho de 4 anos com TEA responda apropriadamente quando outras pessoas o cumprimentam. Essa é uma habilidade complexa. As sub-habilidades dentro desse comportamento complexo incluem fazer contato visual, dizer "olá" em resposta e acrescentar o nome da outra pessoa. Inicialmente, a criança receberá reforço por executar pequenas partes da resposta desejada. Considere o seguinte exemplo de intervenção:

A terapeuta Nancy está trabalhando com Alex, 4 anos, para que este responda de forma apropriada a cumprimentos. Nancy e Alex sentam-se de frente um para o outro (geralmente com uma mesa ou escrivaninha no meio). Alex não está prestando atenção ao que Nancy diz. Nancy fala, em tom alegre e alto: "Olá, Alex!" Seu tom de voz induzirá Alex a olhar para ela. Nancy dirá imediatamente: "Obrigada por olhar para mim!" e dará uma pequena recompensa ao menino, talvez uma rosquinha ou passas. Haverá um breve período de inatividade (o intervalo) antes de Nancy repetir o exercício, que representa uma sequência temporal. Quando Alex aprender que pode receber recompensas por olhar, ele provavelmente manterá o contato visual quando Nancy disser: "Olá". No fim, Nancy conseguirá reduzir o tom de sua voz a um nível mais normal.

Recorrendo a essas habilidades, Nancy poderá então ter como meta a obtenção de contato visual consistente de Alex em resposta ao seu cumprimento. Ela modela o comportamento desejado para o menino. Ao ouvir "Olá, Alex!", Alex faz contato visual, mas não diz nada enquanto aguarda por sua recompensa. Nancy segura a recompensa e diz: "Diga 'olá'". Ela repetirá isso até obter de Alex algo mais próximo possível de um "olá", e fará um elogio, dando-lhe a recompensa. Tentativas futuras exigirão, além de dizer "olá", o contato visual, para que o menino receba a recompensa. Ao dividir as habilidades desta forma, o comportamento toma a forma de uma resposta desejada completa.

Treinamento de resposta essencial (PRT)

O treinamento de resposta essencial é um procedimento centrado no reforço e moldagem de comportamentos essenciais para o funcionamento social, emocional e intelectual. Em contraste com o DT, o PRT tem estrutura mais solta e utiliza oportunidades de ensino de ocorrência natural que surgem espontaneamente nas interações da criança com os outros. As estratégias usadas no PRT incluem organizar o ambiente para incluir os brinquedos e atividades preferidas da criança que, por meio do comportamento iniciado por ela, podem ser usadas para o reforço de comportamentos essenciais positivos.

Por exemplo, Lindsay, uma menina não verbal de 6 anos, está brincando em sua pré-escola. Lindsay leva a mão para pegar um bloco e adicioná-lo à torre que está construindo. A terapeuta Nancy segura o bloco, olha para Lindsay e diz: "bloco". Lindsay diz "blá" e então recebe o bloco como recompensa por sua solicitação verbal. Com o tempo, a habilidade de solicitar coisas pode ser ampliada para que a menina diga claramente "bloco" e, finalmente, "Eu quero um bloco".

O QUE HÁ NA INTERNET SOBRE A ANÁLISE COMPORTAMENTAL APLICADA COMO TRATAMENTO PARA TEA?

Existem mitos comuns e persistentes sobre a ABA na Internet. Alguns se referem à ABA como uma "filosofia", implicando que ela reflete sistemas de crença básicos de seus proponentes, em outras palavras, dizem que as pessoas que acreditam na ABA como um tratamento eficaz devem acreditar que as crianças podem ser reduzidas a uma coleção de comportamentos treinados. Porém, a ABA não é uma filosofia. Ela é uma técnica científica baseada em evidências que utiliza os métodos de experimentação para identificar fatores responsáveis pela mudança do comportamento, por exemplo, observação atenta, medição e manipulação do ambiente. Os críticos também argumentam que a ABA produz "crianças-robôs", treinadas para executar certas tarefas sob demanda e que podem executar essas habilidades apenas em ambientes e situações artificiais. Os defensores argumentam que no processo de aquisição de habilidades aquelas que não vêm naturalmente devem ser aprendidas e praticadas artificialmente, antes de poderem ser generalizadas para situações mais naturais.

Esteja alerta para as discussões online sobre a ABA, muitas das quais contêm representações errôneas e informações incorretas. Algumas fontes de informações afirmam que a ABA pode ajudar uma criança a "superar o TEA" ou "perder o diagnóstico de autismo".[1] Embora a ABA realmente aumente comportamentos mais sociais e reduza comportamentos problemáticos em crianças com TEA, ela não cura o autismo. Você poderá ler afirmações de que a ABA é "tortura", de que ela "traumatizará o seu filho" e que "causará danos". Embora a ABA exija esforço persistente e possa ser difícil e estressante para os pais e para a criança, pesquisas científicas indicam que a ABA não é perigosa ou danosa para as crianças e que os procedimentos são seguros. Notadamente, a ABA não utiliza mais consequências aversivas ou punições quando as crianças se envolvem em comportamentos problemáticos, como, por exemplo, tapas ou choques. Antes dos anos 80, existiam programas extremos que realmente empregavam consequências aversivas, mas afirmações de que a ABA utiliza tais técnicas são falsas.

Terapeutas de ABA são Analistas Comportamentais Certificados por um Conselho (BCBAs) ou Analistas Comportamentais Associados Certificados por um Conselho (BCABAs).[2] Para tornar-se um BCBA, o profissional deve receber treinamento formal avançado e ter pelo menos o grau de mestrado, participar em trabalho supervisionado designando e conduzindo intervenções de ABA e ser aprovado no exame de Certificação como Analista Comportamental pelo Conselho. BCABAs têm menor qualificação, incluindo trabalho em nível de graduação em análise comportamental, trabalho supervisionado na condução de intervenções de AVA e aprovação no exame para BCABA. Outros profissionais podem ter concluído o treinamento em ABA antes da existência do programa de certificação para BCBA e outros, ainda, participarem em *workshops* de treinamento, por exemplo, como parte de cursos para a formação de professores. O Grupo de Interesse Especial de Autismo da Associação de Análise Comportamental Internacional incentiva os pais a procurarem credenciais documentadas, ao contratarem um terapeuta de ABA.[3]

A Internet está inundada de relatos informais sobre o uso de ABA para TEA. Muitos pais discutem a melhora apresentada por seus filhos como resultado da ABA, enquanto outros salientam os desafios experimentados no aprendizado da ABA e o estresse associado a sua implementação em casa. Alguns pais relatam experiências negativas com terapeutas de ABA e com programas que não seguem adequadamente os procedimentos da ABA. Outros pais mencionam frustração, porque sabem que a ABA é um tratamento cientificamente comprovado para TEA, mas não conseguem acesso ou não podem pagar por serviços ligados à ABA. Os pais que buscam ajuda nesta área muitas vezes recebem dicas e sugestões de outros pais, incluindo conselhos sobre o acesso ao tratamento com ABA.

O QUE OS CIENTISTAS DIZEM SOBRE A ANÁLISE COMPORTAMENTAL APLICADA?

Embora as pesquisas apoiem a ABA e apontem seu sucesso na melhora de déficits básicos no TEA, como qualquer outro tratamento, ela não leva à cura. Parte do apoio científico mais antigo e de alta qualidade para a ABA vem do Projeto de Intervenção Precoce de Lovaas, de 1987. O Dr. O. Ivar Lovaas estudou 38 crianças com TEA com menos de 4 anos de idade.[4] Metade das crianças participou em um tratamento comportamental intensivo individual, em sua maioria o treinamento por tentativas discretas, por aproximadamente 40 horas semanais. As crianças restantes serviram como grupo de controle e receberam 10 horas ou menos do mesmo tratamento comportamental individual. As crianças que participaram do tratamento intensivo por dois anos ou mais apresentaram melhoria significativa no QI e no funcionamento social e escolar. A inclusão de um grupo de controle e o uso de uma amostra homogênea de crianças dá força a essas conclusões.

Desde então, pesquisas adicionais apontaram para a probabilidade aumentada de conquista de sucesso com a ABA se as intervenções são iniciadas em idade precoce, antes dos 5 anos de idade. Uma equipe de pesquisa, em particular, examinou 34 estudos conduzidos sobre os efeitos de programas de ABA em crianças pequenas com TEA. Em geral, as crianças com TEA que participaram de Intervenção Comportamental Intensiva Precoce entre esses estudos experimentaram melhoras no QI, comunicação e habilidades sociais, assim como nas habilidades de vida diária. A evidência, embora poderosa, não é perfeita. Apenas nove desses estudos incluíam um grupo de tratamento e um grupo de controle para comparação. Além disso, ao comparar a Terapia Comportamental Intensiva Precoce (EIBI) com qualquer outra intervenção, precisamos estabelecer que os efeitos se devem à própria intervenção comportamental, e não simplesmente por passar 30 horas semanais com um adulto altamente educado e atento. Precisamos de estudos que comparem o EIBI com outras intervenções conduzidas com similar intensidade e por adultos com formação comparável.

Em virtude de seu foco no comportamento, a ABA é um dos tratamentos mais pesquisados para o TEA. Além disso, as pesquisas sobre a ABA são mais consistentes com os padrões científicos para a avaliação de tratamentos eficazes (ver Capítulo 2, sobre o Vocabulário Científico). De fato, em 2012, os estudiosos analisaram o corpo acumulado de evidências sobre a ABA através de um exame de cinco meta-análises diferentes.[5] Essas evidências coletivas indicam, de forma clara, que programas ABA intensivos e precoces podem ser intervenções poderosas, que produzem grandes ganhos em QI e comportamentos ajustados entre crianças com TEA.

Concluindo, a ABA foi reconhecida como um tratamento primário e com apoio científico para o TEA pelo Ministério da Saúde dos EUA e pela American Academy of Pediatrics.[6,7] Os métodos de tratamento ABA também foram reconhecidos em 2009 como "tratamentos estabelecidos" para TEA pelo Projeto de Normas Nacionais do Centro Nacional de Autismo (EUA), indicando que existem evidências científicas suficientemente fortes para concluirmos que a ABA é uma intervenção eficaz para o TEA.[8] Atualmente, os estudiosos trabalham no planejamento de programas de ABA que equilibrem um formato estruturado com arranjos de tratamento naturais, para aumentar a probabilidade de conquista rápida de habilidades e a generalização entre diferentes contextos.

QUAIS SÃO OS CUSTOS DA ANÁLISE COMPORTAMENTAL APLICADA?

Os programas de tratamento ABA são aplicados tradicionalmente em escolas e, portanto, são gratuitos para as famílias qualificadas. O financiamento e os recursos das escolas podem variar, contudo, os sistemas raramente são capazes de fornecer um programa de ABA em tempo integral (30 a 40 horas por semana). A terapia particular com ABA é extremamente cara. Estimativas de custo para um programa de ABA em tempo integral variam de 30 a 50 mil dólares por ano. Em virtude do forte apoio científico para a eficácia da ABA como tratamento para TEA, a cobertura de seguros para serviços de ABA está melhorando, mas a cobertura total ainda não é a norma.

O envolvimento dos pais, da família e de terapeutas de ABA capacitados aumenta a eficácia e a generalização do tratamento. Os pais podem aprender a implementar os planos de ensino da ABA, mas a consulta periódica com um terapeuta de ABA é necessária – não apenas para a condução da Análise Comportamental Funcional, mas também para avaliar os dados e atualizar os planos de ensino de acordo com esses. Terapeutas credenciados para ABA geralmente cobram no mínimo 50 dólares por hora, embora isso varie amplamente de acordo com a região e o nível de experiência do profissional. Um programa de ABA exige grande compromisso de tempo e esforço consistente e intensivo.

ANÁLISE COMPORTAMENTAL APLICADA (ABA)			
Idades →	mais eficaz com crianças pequenas		
Apoio informal dos pais →	não muito	misto	positivo
Evidências científicas →	fracas	moderadas	fortes
Disponibilidade →	limitada	moderada	ampla
Custo (tempo e dinheiro) →	mínimo	moderado	alto

4

QUELAÇÃO

Jill Myerow Bloom e
Elisabeth Hollister Sandberg

O QUE É QUELAÇÃO?

A quelação é um processo de remoção de metais pesados do corpo humano, quando alcançam níveis tóxicos. Esses metais incluem chumbo, alumínio e mercúrio, este último implicado como causa potencial de TEA. O processo envolve a utilização de um quelante, uma substância química que se liga aos metais pesados no corpo para que possam ser eliminados do organismo pela urina. Os quelantes podem ser administrados por via intravenosa, oral ou transdérmica.

COMO A QUELAÇÃO SUPOSTAMENTE FUNCIONA COMO TRATAMENTO PARA O TEA?

A quelação é um tratamento médico comum, aprovado pela FDA (Food and Drug Administration) para abordar o envenenamento por metais.[1] Quando realizada adequadamente sob a supervisão de um médico, a quelação é um tratamento seguro para a toxicidade por metais. Os sintomas de envenenamento por chumbo, incluindo dor abdominal, fadiga e problemas de aprendizado, são reduzidos com sucesso à medida que moléculas de chumbo ligadas ao quelante são excretadas do organismo. Além de remover o chumbo, a quelação pode ser usada para remover outros metais presentes em níveis tóxicos no corpo, incluindo alumínio, cádmio e mercúrio. A quelação também tem sido usada experimentalmente no tratamento de uma ampla gama de distúrbios, incluindo TEA.

A quelação foi promovida, originalmente, como tratamento para o autismo em meados da década de 1980, quando surgiu a ideia de que o autismo poderia ser causado por envenenamento por mercúrio. Se acreditarmos que a exposição a mercúrio causa TEA, então o uso de quelação para o tratamento de TEA é uma solução lógica. Uma vez que a quelação remove o mercúrio tóxico do organismo, deve haver também uma redução nos sintomas de TEA. Os defensores deste tratamento sugerem que a quelação leva a melhoras significativas no comportamento de crianças com TEA, incluindo ganhos na fala, atenção e escuta e reduções em comportamentos de autoestimulação.

Embora os quelante orais estejam disponíveis para compra por pessoas não ligadas à área da saúde, recomendamos fortemente que o tratamento de quelação seja prescrito e supervisionado por um médico treinado. Atualmente, não existe um regime padrão seguido por médicos para a quelação no TEA. Os especialistas em quelação sugerem que, seja qual for o diagnóstico, o tratamento deve continuar até que as amostras de urina da criança não mostrem quaisquer metais – um processo que pode levar meses ou anos, dependendo da criança. A quelação não é aprovada pela FDA para o tratamento de TEA ou de qualquer outro transtorno do desenvolvimento.

O QUE HÁ NA INTERNET SOBRE A QUELAÇÃO COMO TRATAMENTO PARA O TEA

A Internet contém informações substanciais sobre a quelação como tratamento para o TEA. A controvérsia envolvendo o tratamento de quelação para o TEA é extensa e se torna imediatamente aparente nas informações contraditórias que lemos na Internet. Até muito recentemente, os resultados de pesquisas eram dominados por sites que apresentavam a quelação como um tratamento seguro e eficaz para o TEA, que era considerado por muitos como um resultado direto do envenenamento por mercúrio.

Tem havido enorme controvérsia sobre a relação entre TEA e vacinas que contêm mercúrio. É fundamental notar que muitas das afirmações muito convincentes sobre uma ligação entre o mercúrio e TEA se baseiam em opiniões pessoais, em vez de fatos científicos. Há um forte movimento na literatura popular tentando demonstrar que a exposição ao mercúrio, em geral, e ao conservante timerosal, em particular, encontrado na vacina tríplice viral (SCR) para sarampo, caxumba e rubéola, causa o TEA. Essa teoria recebeu apoio informal dos pais de crianças com TEA. Eles relatam observações pessoais de que os filhos desenvolviam-se normalmente até receberem a vacina SCR, a partir de então começaram a demonstrar sintomas de TEA. Celebridades como Jennie McCarthy e Robert F. Kennedy Jr. apoiaram a afirmação de que a exposição ao mercúrio causa o TEA.

Já foi argumentado que pessoas com TEA apresentam capacidade reduzida para excretar metais tóxicos, o que sugeriria que indivíduos com TEA teriam níveis superiores de mercúrio em seus sistemas do que pessoas não autistas. Entretanto, esta hipótese de "envenenamento por mercúrio" não foi apoiada por pesquisas. Muitos estudos demonstram níveis equivalentes de mercúrio nos corpos de crianças com e sem TEA.[2,3] A ausência de níveis elevados de mercúrio em condições com TEA sugere que elas não se beneficiariam de tratamentos de quelação. Portanto, não há apoio lógico e científico para o uso de quelação para a redução de sintomas de TEA, já que o suposto envenenamento por mercúrio no TEA jamais foi comprovado por pesquisas científicas.

Mais recentemente, a maré das informações ao público mudou em favor das informações anteriores. As causas e os tratamentos promovidos pelos defensores da hipótese do mercúrio são considerados implausíveis pelos pesquisadores médicos mais ortodoxos e por outros na comunidade científica. Os cientistas alertam e, até mesmo, condenam o uso da quelação como tratamento para o TEA. Especialistas médicos recusam-se a usar a quelação para tratar o TEA principalmente com base no argumento de que não é causado por exposição ao mercúrio. Eles afirmam que o timerosal nas vacinas não pode ser a causa de TEA por uma série de razões: em primeiro lugar, quando o timerosal era usado como conservante em vacinas, a quantidade de mercúrio nas vacinas era muito pequena e as crianças com TEA não mostravam os sinais típicos de envenenamento por mercúrio; em segundo lugar, as crianças com TEA não tinham concentrações aumentadas de mercúrio em seus sistemas; e, em terceiro lugar, a incidência de TEA não diminuiu, desde a remoção do timerosal da vacina SCR. A comunidade científica tem demonstrado, repetidamente, que não há ligação entre vacinas contendo mercúrio e a incidência de TEA. Assim, eles argumentam fortemente que é irresponsável e perigoso tratar crianças com quelação na ausência de evidências que impliquem o mercúrio na etiologia do TEA.

A imprensa popular fornece evidências do risco significativo associado com a quelação, incluindo notícias de mortes de crianças pequenas durante o tratamento de quelação. Essa porção da literatura, que questiona a segurança e eficácia do tratamento de quelação para TEA, contrasta fortemente com os argumentos dos defensores da quelação. Ao se considerar este tratamento altamente controvertido, é muito importante acessar fontes de informações válidas e confiáveis. Infelizmente, as fontes que os pais tendem a encontrar têm qualidade variada.

O QUE OS CIENTISTAS DIZEM SOBRE A QUELAÇÃO?

A comunidade científica tem dedicado um volume enorme de recursos ao teste da hipótese do mercúrio, em virtude da crença de que o TEA é causado por exposição ao mercúrio contido na vacina SCR. Um estudo com graves falhas publicado em 1998, pelo qual mais tarde o editor se retratou, sugeria uma possível ligação entre o mercúrio e o TEA. No entanto, estudos mais atuais e com metodologia sólida não demonstram um relacionamento causal. Uma extensa revisão dos estudos epidemiológicos que examinavam a hipótese do mercúrio foi conduzida pelo Institute of Medicine, em 2004.[4] Esse relatório concluiu que a exposição ao mercúrio não está envolvida na etiologia do TEA e que as vacinas são seguras. Outros artigos de revisão replicaram essas conclusões.[5,6,7] Esses estudos sugerem que o relacionamento entre vacinas e o início do TEA é causal e temporal; os sintomas de TEA tendem a emergir por volta da mesma idade em que a vacina SCR é administrada, aproximadamente dos 18 aos 24 meses, fazendo com que os pais concluam que a vacina causou os sintomas. A falha em demonstrar uma ligação causal entre vacinas contendo mercúrio e o TEA sugere que a quelação não é um tratamento apropriado para o TEA.

Até o momento, foi conduzido apenas um ensaio controlado e randomizado para realmente avaliar os efeitos da quelação sobre os sintomas de TEA.[8] Neste estudo, a sociabilidade, linguagem expressiva e receptiva e gravidade geral do TEA de crianças com TEA que receberam diversas rodadas de quelação foram comparadas com aquelas de crianças que receberam uma única sessão de quelação e seis rodadas de tratamento com placebo. Os resultados deste estudo revelaram que os dois grupos demonstravam melhorias em todos os domínios sintomáticos. As melhorias nos sintomas foram tão boas para o grupo de comparação, que recebeu uma rodada de quelação, quanto para o grupo experimental, que recebeu várias rodadas de quelação.

Observe-se que este estudo não incluiu um grupo de placebo, crianças que não receberam quelação. Portanto, o estudo demonstra que várias rodadas de quelação não apresentam um benefício adicional em relação a um único tratamento. Entretanto, para concluírem que a quelação causa reduções nos sintomas de TEA, as pesquisas teriam de demonstrar que a quelação está associada a uma melhora em comparação com a ausência absoluta desse tratamento. Até o momento, nenhum estudo abordou essa questão. Curiosamente, dois estudos planejados pelo National Institute of Mental Health (NIMH) examinando o efeito da quelação sobre a sintomatologia do TEA foram cancelados. O

NIMH cancelou os estudos supostamente devido aos riscos associados com a quelação e também pela ausência de evidências científicas em apoio à hipótese do mercúrio. Assim, provavelmente não teremos evidências científicas confiáveis em apoio ao uso da quelação para tratar o TEA.[9]

Finalmente, as evidências científicas sugerem que há um risco significativo associado ao tratamento do TEA com quelação. Potenciais efeitos colaterais permanentes da quelação já foram bem documentados. Eles incluem dano renal, dano hepático, danos à medula óssea e taquicardia. O tratamento com quelação tem sido ligado a óbitos por parada cardíaca. Pelo menos 30 mortes pelos efeitos colaterais da quelação já foram relatadas.[9] Todas elas ocorreram em instalações médicas, sob a supervisão de profissionais treinados, demonstrando assim o risco significativo associado a esse processo. Dados os perigos associados com a quelação e a falta de evidências empíricas em apoio ao seu uso, a soma total da literatura científica sugere que a quelação não é um tratamento seguro, que não faz sentido em termos teóricos e que não é eficaz para o TEA. Ainda assim, os pais que optarem por usar a quelação como tratamento para o TEA não devem realizá-la em seus filhos sem a supervisão de médicos experientes.

QUAIS SÃO OS CUSTOS DA QUELAÇÃO?

Os convênios de saúde não cobrem os custos da quelação como tratamento para o TEA, porque a quelação não é um tratamento médico aprovado. Portanto, os custos associados com o tratamento do TEA usando quelação podem ser bastante altos. As sessões de quelação, que podem durar de duas a quatro horas, geralmente custam de 75 a 150 dólares cada. O número de sessões recomendado varia de cinco a mais de 40. Estimativas gerais colocam o custo da terapia com quelação para o TEA em aproximadamente 3 a 4 mil dólares. Além do preço das sessões, numerosos exames médicos devem ser feitos ao longo do tratamento, para monitorar a excreção de metais, o conteúdo de metal no organismo da criança e outros indicadores relevantes. Finalmente, e mais importante, os riscos médicos associados à quelação devem ser levados em conta. Por essa razão, se não prescritos por um médico, é difícil, mas não impossível, obter-se quelantes. Os quelantes estão disponíveis em varejistas on-line; contudo, muitos deles podem ser enviados apenas para endereços fora dos Estados Unidos. Em média, esses quelantes orais custam aproximadamente 45 dólares para um suprimento de dois a seis meses.

QUELAÇÃO			
Idades	→	qualquer idade	
Apoio informal dos pais	→	não muito	misto	positivo
Evidências científicas	→	fracas	moderadas	fortes
Disponibilidade	→	limitada	moderada	ampla
Custo (tempo e dinheiro)	→	mínimo	moderado	alto

5
TERAPIA CRANIOSSACRAL

Nicholas D. Taylor e
Elisabeth Hollister Sandberg

O QUE É A TERAPIA CRANIOSSACRAL?

A terapia craniossacral (TCS) é um tratamento não-invasivo, oferecido geralmente por quiropraxistas, osteopatas, terapeutas ocupacionais e massagistas. Os terapeutas e outros profissionais utilizam o método para tratar uma ampla gama de distúrbios, de enxaquecas ao TEA. De acordo com os praticantes da terapia craniossacral, a doença e a saúde frágil podem ser atribuídas a perturbações no fluxo rítmico dos fluidos envolvendo o cérebro e a coluna vertebral. Os terapeutas utilizam suas mãos para detectar essas perturbações, que julgam serem causadas por bloqueios e restrições no sistema craniossacral. Depois, aplicam pressão leve e rítmica aos ossos do crânio e sacro – o osso triangular no centro da região lombar inferior – para restabelecer o ritmo, otimizando o fluxo de fluidos em torno do cérebro e da coluna vertebral, reduzindo os sintomas.

COMO A TERAPIA CRANIOSSACRAL SUPOSTAMENTE OPERA EM UM TRATAMENTO PARA TEA?

A terapia craniossacral baseia-se principalmente no trabalho de William Sutherland, no início dos anos 1900. Sutherland acreditava que os ossos do crânio eram flexivelmente estruturados para permitir movimentos cíclicos do cérebro semelhantes à respiração. Ele descreveu um sistema no qual os ossos cranianos mudavam em resposta a alterações por tensão em membranas durais, as camadas protetoras que revestem o cérebro e a coluna vertebral. O líquido cefalorraquidiano dentro das membranas flui ritmicamente para cima e para baixo na coluna vertebral, em um "ritmo craniossacral". Enquanto esse ritmo ocorre, os ossos e as membranas ao redor se ajustam em resposta a tais mudanças de pressão, caso contrário haverá uma interrupção no ritmo craniossacral.[1]

De acordo com essa teoria, qualquer perturbação do ritmo craniossacral tem o potencial para degradar o funcionamento do sistema nervoso central e de outras partes ou sistemas do corpo, levando à disfunção. Além disso, bloqueios em outras partes do corpo, devido a estresse, trauma e lesões, podem impactar o sistema craniossacral. Portanto, restrições nos tecidos em qualquer parte do corpo podem afetar as membranas que envolvem o cérebro.

Os proponentes da TCS argumentam que o TEA é causado pela perda da flexibilidade nas camadas membranosas que envolvem o cérebro. O TEA é tratado pela melhoria do movimento equilibrado das membranas durais e dos fluidos que se movem para dentro e para fora do crânio. Os praticantes da TCS afirmam poder sentir os ritmos craniossacrais por todo o corpo, utilizando as mãos. O tratamento tem por objetivo restabelecer o ritmo craniossacral natural para aliviar sintomas e doenças, "liberando" bloqueios em diferentes partes do corpo usando toques leves e massagem.[1,2]

Os praticantes da TCS geralmente são osteopatas, quiropráticos, naturopatas ou massoterapeutas que oferecem o serviço juntamente com as suas modalidades principais de tratamento. Entretanto, não há um padrão profissional para o treinamento em TCS e, atualmente, a sua prática não é regulada.

Uma sessão típica de TCS dura uma hora. O paciente deita-se na mesa de massagem enquanto o terapeuta posiciona as mãos ou dedos em áreas específicas do corpo, tentando sentir áreas do corpo e crânio em que o ritmo craniossacral está fraco ou forte. Ao identificar um suposto bloqueio, os terapeutas utilizam técnicas para desbloquear a área e restabelecer o ritmo craniossacral. Isso é feito com leves movimentos de tatear e pressionar em áreas-alvo do crânio, sacro e outras partes do corpo para aumentar a flexibilidade e o movimento nessas áreas e, assim, permitir que o ritmo craniossacral natural do corpo ocorra sem empecilhos. Os proponentes sugerem que isso pode resultar em um leque de desfechos, que vão de um alívio sutil nos sintomas de TEA à melhora substancial no funcionamento geral.[2]

O QUE HÁ NA INTERNET SOBRE A TERAPIA CRANIOSSACRAL (TCS) COMO TRATAMENTO PARA O TEA?

As fontes populares de informações sobre tratamentos para o TEA ocasionalmente mencionam as terapias craniossacral e osteopata associadas a ela e assumem diferentes posições. Por exemplo, a Associação para a Ciência no Tratamento do Autismo não apoia a TCS como tratamento para o TEA, porque o tratamento é "implausível" e não apresenta pesquisas que sustentem a sua eficácia.[3] Em comparação, o site Autism-World, conhecido por promover uma ampla variedade de tratamentos convencionais e alternativos para o TEA, apresenta um artigo que promove a TCS como um tratamento útil e promissor, baseado em relatos informais de pais de crianças autistas.[4] As informações mais imediatas disponíveis sobre a TCS, embora não específicas para o TEA, podem ser encontradas em sites sobre terapia craniossacral, quiroprática ou massoterapia, criados por praticantes ou suas organizações afiliadas. Esses sites geralmente fornecem uma breve descrição da TCS, uma lista dos seus benefícios, um histórico do tratamento, testemunhos de pacientes, links para outros sites na Internet e uma lista de distúrbios para os quais ela poderia ser eficaz.

O Upledger Institute, fundado pelo criador da TCS em 1985, oferece um serviço mundial de encaminhamento para os profissionais de TCS, com mais de 90 mil membros, muitos programas de formação e diversos testemunhos que atestam para a sua eficácia como tratamento para problemas que incluem o TEA. Eles defendem o seu uso principalmente em conjunto com outras intervenções, como homeopatia e terapia para a fala e a linguagem.[1]

Os numerosos artigos na imprensa, publicações em blogs, vídeos, sites de medicina alternativa, de organizações para o TEA e em sites céticos que discutem a TCS variam imensamente em termos de qualidade e conteúdo e, muitas vezes, apresentam informações sem menção de suas fontes. A TCS com frequência é chamada de tratamento médico alternativo, porque não é aceita como um tratamento válido e corrente para qualquer distúrbio, incluindo o TEA. A TCS permanece como um tratamento alternativo porque se baseia em um modelo de doença que conflita com modelos científicos de anatomia e fisiologia. Artigos com base empírica sobre a TCS, como aqueles no blog Science-Based Medicine ou no site Evidence-Based Medicine First, apresentam artigos de céticos sobre a TCS. Esses artigos refutam a teoria por trás dos ritmos craniossacrais e reforçam o entendimento médico geral da anatomia e da doença. Um número muito pequeno desses artigos discute os méritos da TCS como tratamento para o TEA.

No geral, apesar das afirmações consistentes dos profissionais de que é um tratamento eficaz, os pais interessados na TCS terão dificuldade em encontrar evidências detalhadas e explícitas de que a TCS é uma intervenção benéfica.

O QUE OS CIENTISTAS DIZEM SOBRE A TERAPIA CRANIOSSACRAL?

Atualmente, não há estudos empíricos examinando o uso da TCS ou suas terapias relacionadas para o tratamento de sintomas de TEA. Entretanto, existe uma análise sistemática de 33 estudos que examinaram diretamente diferentes aspectos do modelo de TCS e suas aplicações clínicas.[2] Esta análise concluiu que os estudos existentes da TCS têm baixa qualidade e não fornecem apoio para a eficácia da TCS como tratamento. Diversos estudos de casos, que dão relatos detalhados do tratamento de clientes isolados e seu progresso, também foram analisados. Apesar de relatos tanto positivos quanto negativos da eficácia do tratamento nos estudos de casos, a natureza não confiável dos estudos de caso e os resultados inconsistentes limitam a nossa capacidade para extrair quaisquer conclusões sobre a TCS.

Um conjunto de estudos que avaliem a capacidade dos terapeutas craniossacrais (CS) para detectar de forma confiável o ritmo craniossacral é altamente relevante, aqui. Esses estudos analisam a confiabilidade entre os avaliadores – isto é, se dois terapeutas que classificam o mesmo evento produzem os mesmos resultados. Em um estudo da TCS, isso se refere ao nível de concordância entre terapeutas que estejam avaliando o ritmo craniossacral. Os cinco estudos mais recentes revelaram uma confiabilidade entre os avaliadores muito baixa. Por exemplo, um estudo conduzido em 1994 pediu que três terapeutas CS examinassem de forma independente 12 crianças para determinar suas taxas de ritmo craniossacral. As classificações dadas pelos terapeutas não eram confiáveis, significando que a taxa de ritmo dada por um terapeuta para uma criança era diferente das avaliações de outro terapeuta. Isso significa que mesmo sob condições altamente controladas, é improvável que dois terapeutas CS que examinem o mesmo indivíduo relatem um ritmo de TCS similar. O fato de que este resultado aparece entre vários estudos sugere que o ritmo craniossacral inexiste ou, se chega a existir, não pode ser medido com precisão – mesmo por terapeutas CS treinados.[2,5]

Tais conclusões são altamente problemáticas para a TCS, já que toda a terapia se baseia na capacidade de seus praticantes identificarem com precisão o ritmo craniossacral no corpo. Sem a capacidade para detectar os ritmos CS, um praticante de TCS não pode afirmar com certeza que indivíduos com TEA têm prejuízo no ritmo craniossacral ou que o seu tratamento afeta esses ritmos craniossacrais. As conclusões são tão problemáticas que levaram alguns osteopatas a clamar pela remoção do conteúdo sobre a TCS dos currículos de escolas de osteopatia e das exigências de certificação para a condução da terapia. Eles argumentam que a inclusão da TCS no currículo de osteopatia, dadas as conclusões anteriores, é prejudicial para o público, inconsistente com os objetivos de sua área e pseudocientífica.

As asserções da TCS também não condizem com as pesquisas médicas aceitas e correntes. A primeira asserção, de que o cérebro e a medula espinhal são capazes de produzir os seus próprios movimentos, gerando o ritmo craniossacral, torna-se implausível, porque as células nesses órgãos não possuem a microestrutura necessária para o movimento. As pesquisas científicas também demonstram que os ossos no crânio relevantes para a TCS passam por fusão completa entre os 12 e os 19 anos, de modo que não podem ser manipulados por pressão leve.[5]

Em essência, não existem evidências científicas que validem a TCS como um tratamento eficaz que possa ser administrado com confiança. Muitos aspectos do tratamento e da teoria são incompatíveis com a literatura científica estabelecida e revisada por pares. Atualmente, não existem estudos de alta qualidade avaliando a eficácia da TCS como um tratamento para qualquer transtorno, incluindo o TEA. Além disso, não existe apoio empírico para as suposições craniossacrais por trás da TCS. Embora o Projeto de Normas Nacionais do National Autism Center mencione a massoterapia (terapia do toque) como um "tratamento emergente" para TEA, os estudos analisados não incluem a TCS.[6]

QUAIS SÃO OS CUSTOS DA TERAPIA CRANIOSSACRAL?

Os custos financeiros associados com a TCS variam de 40 a 120 dólares por hora, dependendo do profissional e região do país, nos Estados Unidos. O número de sessões recomendadas pelos profissionais varia imensamente. Todos os praticantes salientam que os planos de tratamento são altamente individualizados. Alguns relatam avanço com apenas uma sessão de tratamento, enquanto outros sugerem três ou mais sessões por semana, por várias semanas. Um profissional aconselha sessões semanais, até o fim da infância da criança. Os planos de saúde não cobrem a prática de TCS. O Upledger Institute oferece programas de terapia intensiva durante cinco dias consecutivos inteiros. O custo desses programas intensivos é de 3.200 dólares.

TERAPIA CRANIOSSACRAL (TCS)			
Idades	→	qualquer idade	
Apoio informal dos pais	→	não muito	misto	positivo
Evidências científicas	→	fracas	moderadas	fortes
Disponibilidade	→	limitada	moderada	ampla
Custo (tempo e dinheiro)	→	mínimo	moderado	alto

6
TERAPIA DA VIDA DIÁRIA

Katherine K. Bedard e
Elisabeth Hollister Sandberg

O QUE É A TERAPIA DA VIDA DIÁRIA?

A Terapia da Vida diária (TVD) é um enfoque educacional no tratamento de crianças com TEA. Lançada nos Estados Unidos em 1987, a TVD é um programa baseado na escola que fornece um currículo amplo e balanceado incorporando estudos acadêmicos, arte, música, educação física, informática e educação social. Essa abordagem de tratamento fornece um ambiente altamente consistente e estruturado para crianças com TEA e utiliza dinâmicas de grupo e vínculos estreitos com professores para o desenvolvimento do intelecto e da confiança. A TVD supostamente melhora a estabilidade emocional, a concentração e a consciência dos arredores, sem o uso de quaisquer medicamentos para o controle dos sintomas de TEA.

COMO A TERAPIA DA VIDA DIÁRIA SUPOSTAMENTE FUNCIONA COMO TRATAMENTO PARA O TEA?

A Dra. Kiyo Kitahara desenvolveu a TVD em 1964, em Tóquio, no Japão, com base em suas experiências no ensino de crianças com TEA em uma turma de jardim de infância em uma escola regular.[1] A TVD fundamenta-se na crença de que a educação proporciona um caminho para a descoberta da identidade individual de uma criança e para ajudá-la a conquistar o seu pleno potencial. A educação da TVD baseia-se em três princípios inter-relacionados, integrados em cada aspecto do ambiente escolar: exercícios físicos vigorosos, estabilidade emocional e estímulo intelectual. Através dos exercícios físicos, as crianças aprendem a regular os seus próprios corpos. Acredita-se que os exercícios também promovem a saúde, a energia, a estabilidade do humor, a consciência dos arredores e a concentração. Neste ambiente de exercícios e estrutura consistente, os professores formam vínculos estreitos com cada aluno e o ajuda a conquistar a estabilidade emocional. Isso também dá ao professor acesso ao desenvolvimento intelectual potencial da criança.

A TVD não é apenas um conjunto de técnicas usadas para a redução dos sintomas de TEA, mas sim uma abordagem holística e integrada para o desenvolvimento e educação da criança como um todo – mente, corpo e espírito – através de reforço e prática consistentes dentro da sala de aula. O objetivo máximo da TVD é que ocorra uma inclusão vitalícia na comunidade com uma alta qualidade de vida. Em uma escola de TVD, as crianças são colocadas em classes com pequeno número de alunos para cada professor, dando a esses a capacidade para abordar as necessidades específicas de cada criança. Um dia típico inclui um currículo focado em movimento, música, arte, exercícios físicos, atividades em grupo, imitação dos professores, atividades de rotina e treinamento vocacional. A gestão comportamental na TVD jamais inclui medidas aversivas, punição, suspensão ou medicação. A ênfase está no desenvolvimento e manutenção de um relacionamento de confiança mútua entre o estudante e o professor, baseado em amor e compreensão.

A TVD em sua forma mais pura está disponível apenas em duas escolas: na Escola Musashino Higashi Gakuen, em Tóquio, no Japão, e na Boston Higashi School, em Randolph, MA, Estados Unidos. A Rugeley Horizon School, em Staffordshire, no Reino Unido, fundada em 2000, utiliza uma abordagem baseada nos princípios da TVD. Não há treinamento formal disponível para os profissionais fora dessas escolas para o aprendizado da prática da TVD e implementação da filosofia em outros ambientes educacionais. Cada uma das escolas que pratica a TVD oferece programas diários e residenciais levemente diferentes para as crianças com diagnóstico de TEA. A escola Musashino Higashi Gakuen atende a crianças do Ensino Infantil ao Ensino Médio, por um modelo de educação mista.[2] Os alunos com TEA são integrados com estudantes típicos durante parte do dia e passam o restante do tempo participando no currículo de TVD. A Boston Higashi School atende atualmente a mais de 100 crianças entre 3 e 22 anos de idade – todas com TEA.[3] A Rugeley Horizon School segue os princípios gerais da TVD e é mais ampla em termos de atendimento, recebendo alunos dos 4 aos 19 anos com comportamentos problemáticos e transtornos de aprendizagem, além de alunos diagnosticados com TEA.[4]

Medicamentos geralmente usados para o manejo dos sintomas comportamentais de TEA não são permitidos em programas de TVD. A Dra. Kitahara, fundadora da TVD, acredita que medicamentos são incompatíveis com a TVD porque interferem na capacidade da criança para regular o seu próprio corpo. Os efeitos colaterais dos medicamentos supostamente afetam a capacidade natural da criança para aprender e reduzem sua motivação para explorar novas coisas. Pelo uso dos três princípios centrais da TVD, as crianças aprendem a focar naturalmente a atenção, a difundir sua energia e a sentirem-se calmas e tranquilas, o que lhes permite aprender sem a necessidade de medicamentos.

Todas as crianças na Boston Higashi School recebem instrução consistente com a estrutura dos currículos escolares de Massachusetts e devem participar no processo de testes padronizados daquele estado. A maioria dos professores na Boston Higashi School tem pelo menos o grau de mestrado em educação especial e certificação pelo Departamento de Educação do Estado de Massachusetts.[3] Informações sobre a aprovação ou licença formal para a escola Musashino Higashi Gakuen não estão amplamente disponíveis. A Rugeley Horizon School é certificada pela National Association of Independent Schools and Non-Maintained Special Schools (NASS). Todos os estudantes têm acesso ao currículo nacional (EUA), mas este é individualizado para o atendimento às necessidades de desenvolvimento de cada criança.

O QUE HÁ NA INTERNET SOBRE A TERAPIA DA VIDA DIÁRIA COMO TRATAMENTO PARA O TEA

Os sites na Internet dedicados ao TEA de forma ampla geralmente incluem alguma informação sobre a abordagem TVD (por exemplo: Autism Wiki, Raising Children Network, artigos em sites de notícias, National Autistic Society, Research Autism). As informações mais facilmente acessíveis na Internet sobre a TVD são publicadas pela Boston Higashi School. Os sites de todas as três escolas na Internet fornecem numerosos perfis descritivos individuais das experiências dos alunos, assim como links para artigos na mídia e para vídeos no YouTube que retratam histórias de sucesso e apoio de pais e professores. O endosso dos pais nos sites da Internet indica que a maioria desses pais reconhece que a TVD não cura o TEA, mas acredita que fornece outros benefícios importantes, como a melhora nas habilidades quotidianas, maior flexibilidade e aumento no funcionamento apropriado dentro da comunidade e em eventos familiares.

A cobertura sobre a TVD na Internet é bastante escassa, em comparação com outros tratamentos para o TEA, provavelmente em virtude da acessibilidade limitada ao tratamento. Parece haver pouca controvérsia sobre os métodos ou os resultados. Tenha em mente, porém, que muito poucas famílias participam dos programas e aquelas que fazem isso estão altamente comprometidas com o sucesso do currículo.

O QUE OS CIENTISTAS DIZEM SOBRE A TERAPIA DA VIDA DIÁRIA?

Até o momento, apenas um estudo científico foi publicado sobre a eficácia da TVD.[5] Quando a Boston Higashi School foi inaugurada, seis estudantes diagnosticados com TEA e com idade e padrões de comportamento semelhantes foram escolhidos para observação sistemática e intensiva. Todas as crianças eram não verbais e rotuladas por pais e funcionários como tendo "baixo funcionamento".

As observações semanais do comportamento eram conduzidas ao longo de um período de seis semanas e novamente em um acompanhamento de um ano. O estudo concentrou-se em três aspectos do comportamento das crianças: comportamento de atenção – observar os professores e atentar para tarefas e/ou outros alunos; respostas inapropriadas – não realizar o que foi solicitado, não dar a resposta desejada, fazer vocalização ou realizar ações inapropriadas; respostas apropriadas – responder adequadamente a situações exigidas dos alunos. Os professores em sala de aula não sabiam quais crianças estavam sendo observadas – um fator que garantia um tratamento igual para todas as crianças, observadas ou não.

Os resultados do estudo indicaram que o comportamento de atenção da criança aumentava e as respostas inapropriadas diminuíam entre o período de observação inicial até o acompanhamento. Mudanças nas medições das respostas apropriadas das crianças eram variáveis e não eram consistentemente positivas. Dos seis estudantes observados inicialmente, três não compareciam mais à escola no acompanhamento e não foram incluídos no estudo. As conclusões do estudo, portanto, baseiam-se em um tamanho de amostra extremamente pequeno, limitando a capacidade de generalização. Além disso, uma vez que não havia um grupo de comparação, também é possível que as alterações observadas durante o período de dois anos pudessem ser atribuídas simplesmente ao amadurecimento dos estudantes. Consequentemente, não existem evidências científicas atuais em apoio à eficácia da TVD como tratamento para o TEA.

QUAIS SÃO OS CUSTOS DA TERAPIA DA VIDA DIÁRIA?

O custo da escola de TVD depende do comparecimento da criança ao programa diário ou residencial. O site da Rugeley Horizon School na Internet menciona o custo do comparecimento ao programa diário em 130 mil dólares anuais, ou 250 mil dólares a 410 mil dólares para crianças no programa residencial. De acordo com um relatório sobre custos de programas com educação especial no estado de Massachusetts, o custo anual para a colocação diária na Boston Higashi School era de 69.183 dólares e de 169.398 dólares para a colocação residencial.[6] Na maior parte dos casos, as taxas são cobertas pelo distrito escolar da criança. Os custos da escola Musashino Higashi Gakuen não estão disponíveis no site. Uma vez admitidas, é provável que as famílias sejam altamente incentivadas a continuar matriculando seus filhos por vários anos.

Os custos não financeiros incluem a expectativa potencialmente alta de uma estreita parceria e colaboração entre a escola e os pais. Espera-se que os pais mantenham a filosofia e a estrutura do ambiente escolar em suas casas à noite, em fins de semana e nas férias escolares. Além disso, algumas famílias podem ver a eliminação de medicamentos de manejo dos sintomas como um custo importante.

TERAPIA DA VIDA DIÁRIA (TVD)			
Idades	→	crianças em idade escolar	
Apoio informal dos pais	→	não muito	misto	positivo
Evidências científicas	→	fracas	moderadas	fortes
Disponibilidade	→	limitada	moderada	ampla
Custo (tempo e dinheiro)	→	mínimo	moderado	alto

7
MODELO DE DESENVOLVIMENTO BASEADO NO RELACIONAMENTO E NA DIFERENÇA INDIVIDUAL/ FLOORTIME

Kristen L. Batejan e
Becky L. Spritz

O QUE É O MODELO DE DESENVOLVIMENTO BASEADO NO RELACIONAMENTO E NA DIFERENÇA INDIVIDUAL/FLOORTIME?

O modelo de desenvolvimento baseado no Relacionamento e na Diferença Individual (DIR, na sigla em inglês) foi desenvolvido como uma intervenção para crianças com TEA na década de 1980 pelo Dr. Stanley Greenspan.[1] O modelo DIR é melhor entendido como uma estrutura abrangente, projetada para ajudar pais, médicos e professores a elaborar e adaptar um programa de tratamento com base nos pontos fortes e desafios individuais da criança. O modelo DIR utiliza uma abordagem de equipe, com colaboração entre fonoaudiólogos, terapeutas ocupacionais, professores, pais e profissionais médicos. Quando as pessoas discutem o DIR, elas se referem, em geral, à técnica terapêutica específica chamada de Floortime, que recebeu este nome porque as atividades centrais à terapia ocorrem por brincadeiras com crianças pequenas no chão. Na Floortime, os interesses e preferências naturais de brincadeiras das crianças são usados para a criação de desafios que levarão ao crescimento social, emocional e intelectual. Um componente central do Floortime é a construção e manutenção de relacionamentos emocionais com a criança, tornando o envolvimento individualizado de pais e outros cuidadores fundamental para a implementação do tratamento.[2]

COMO O DIR/FLOORTIME SUPOSTAMENTE FUNCIONA COMO TRATAMENTO PARA O TEA?

O DIR se baseia em uma extensa orientação teórica e conceptual com raízes na psicologia do desenvolvimento.[2] O modelo DIR contém três componentes teóricos centrais:

- O D representa "desenvolvimento" e salienta a importância de ajuste do TEA ao estágio de desenvolvimento da criança.

- O I representa a necessidade de ajustar o tratamento para as diferenças individuais da criança, particularmente as diferenças individuais no processamento sensório-motor e regulação. Saber como uma criança regula e responde a diferentes sons, toques e visões, e se uma criança é mais ou menos sensível a *inputs* sensoriais que a maioria das crianças é fundamental para o tratamento.

- O R representa o foco baseado no relacionamento do modelo. O DIR ajuda a criança a formar relacionamentos com cuidadores e outros para desenvolver capacidades e habilidades emocionais, sociais e cognitivas. Uma avaliação do desenvolvimento emocional da criança é utilizada para individualizar o plano de tratamento da criança de acordo com suas necessidades.

O DIR foi projetado para facilitar o crescimento social, emocional e intelectual da criança no que se refere aos seus estágios do desenvolvimento e seus marcos correspondentes. Embora as crianças típicas geralmente adquiram espontaneamente esses marcos do desenvolvimento aos 4 ou 5 anos, as crianças com TEA geralmente sofrem atrasos nesses mesmos marcos. No DIR, a terapia envolve atividades com foco na criança e adequadas para o seu desenvolvimento, projetadas para ajudar a criança a "subir" até os degraus mais altos do desenvolvimento. Crianças com sintomas mais graves de TEA podem progredir mais lentamente pelos estágios, em comparação com outras. Os seis estágios de desenvolvimento e as metas terapêuticas correspondentes são os seguintes:

- Autorregulação e atenção compartilhada: neste estágio, o terapeuta ajuda a criança a aprender a manter a calma e a se concentrar no mundo ao seu redor.

- Envolvimento e interação: o terapeuta incentiva a intimidade, demonstrando sorriso, vocalização, gestos de contato, etc. Esses comportamentos ajudam o cuidador a criar intimidade com a criança e, em consequência, a incorporar sentimentos no relacionamento.

- Comunicação recíproca intencional: interações recíprocas entre o terapeuta e a criança ocorrem por meio de círculos guiados pela criança; por exemplo, a criança inicia um; comportamento (observa um brinquedo), o pai ou adulto segue a dica da criança (pegando o brinquedo) e então o círculo é fechado quando a criança reconhece o pai (pegando o brinquedo ou sorrindo).

- Comunicação intencional e complexa para a solução de problemas: ampliação das interações recíprocas simples do estágio anterior. O objetivo terapêutico deste estágio é fazer com que a criança comunique a necessidade de solução de problemas.

- Criação e elaboração de símbolos: utilizando símbolos e brincadeiras de faz de conta, o objetivo terapêutico é levar a criança além da comunicação de desejos ou necessidades até a comunicação de ideias.

- Construção de pontes entre os símbolos: neste nível, um alto grau de comunicação e interação é necessário para a construção de pontes entre ideias. As atividades terapêuticas incluem a busca de opinião, debates e negociação com a criança.

No DIR, o Floortime é uma técnica terapêutica específica que envolve atividades adequadas ao desenvolvimento e baseadas em brincadeiras. Um aspecto diferenciador do Floortime é permitir que a criança assuma o comando na interação, enquanto trabalha para alcançar os marcos de desenvolvimento e metas terapêuticas designadas. Se, por exemplo, o objetivo terapêutico é promover a comunicação intencional recíproca, o terapeuta pode sentar-se no chão com a criança, tendo ao alcance brinquedos selecionados com base nos interesses dela. Em vez de apresentar uma atividade, como, por exemplo, pedir que a criança dê nome às figuras nas páginas de um livro, dizendo: "O que é isto? Isto é um gato. Diga gato", o terapeuta espera que a criança inicie uma atividade, como apontar para um gato e dizer: "Ah!", e então responde, modelando e moldando o comportamento infantil através de interações positivas, como, por exemplo: "Ah, um gatinho", o terapeuta engatinha pelo chão e mia, dizendo: "Eu sou um gato!". A criança responde e diz: "Eu também!". Ambos riem e voltam ao livro para mais interações. Cada plano de tratamento do Floortime parece diferente, dependendo do estágio do desenvolvimento, dos interesses e do nível de desenvolvimento da criança.

O QUE HÁ NA INTERNET SOBRE O DIR/FLOORTIME COMO TRATAMENTO PARA O TEA

O Floortime é descrito, com frequência, como uma forma de terapia lúdica, usada como parte de um plano maior e diversificado de tratamento. O uso de técnicas de Floortime não exclui o uso de outras abordagens terapêuticas. Há pouca controvérsia online e o consenso geralmente é positivo sobre o Floortime como intervenção terapêutica. Em geral, os pais parecem bastante satisfeitos com as melhoras vistas com as interações frequentes e relevantes que ocorrem entre eles e seus filhos durante a execução do tratamento. A satisfação com a abordagem também é derivada do fato de que os pais consideram fácil de entender e, portanto, de implementar, a ideia do desenvolvimento de um relacionamento individualizado e apropriado em termos do desenvolvimento.

O Floortime é menos rígido que outras intervenções comportamentais, porque não há um protocolo rígido que a família precise seguir. Por sua própria natureza, o DIR/Floortime conduz à individualização, e os planos de tratamento podem ser facilmente alterados, dependendo da melhora ou piora observada em qualquer criança particular. As experiências de Floortime descritas online revelam um imenso grau de variabilidade na estrutura, atividades, compromisso de tempo e resultados.

Embora existam alguns fóruns online para a troca de ideias, estratégias e sucessos pelos pais, vemos menos testemunhos online sobre o Floortime do que para muitos outros tratamentos para o TEA. A maior parte das informações online é descritiva e informativa. Afirmações de "cura" são raras e debates acalorados são praticamente inexistentes.

O QUE OS CIENTISTAS DIZEM SOBRE O DIR/FLOORTIME?

Embora relatos informais de pais sugiram que o Floortime pode ser uma intervenção eficaz para o TEA, não existem evidências científicas. Conclusões baseadas em dados sobre o Floortime são dúbias, em virtude das abordagens de tratamento altamente variadas e porque o Floortime raramente é usado como uma abordagem terapêutica exclusiva, sendo, em geral, parte de uma combinação de terapias. Sem a capacidade de isolar um plano de tratamento consistente como a causa da mudança positiva, não podemos extrair conclusões científicas sólidas sobre a eficácia do Floortime.

As evidências publicadas sobre a eficácia do Floortime como tratamento para o TEA se limitam a estudos de caso individuais e em um único estudo de acompanhamento de longa duração conduzido pelo criador da técnica.[1,3,4] Com base nas conclusões desse estudo, os pesquisadores afirmam que o Floortime pode levar a melhoras no funcionamento emocional, relacionamentos saudáveis com companheiros e aumento das capacidades intelectuais. É importante notar, porém, que a ligação dos estudiosos com a técnica representa um conflito de interesses que poderia lançar dúvidas sobre a objetividade do estudo.

O Projeto de Normas Nacionais do Centro Nacional de Autismo (EUA) coloca o Floortime na mesma categoria de outros tratamentos de desenvolvimento baseados no relacionamento e classificou esta categoria em 2009 como "tratamentos emergentes" para o TEA.[5] Desfechos favoráveis já foram documentados, mas estudos adicionais de alta qualidade precisam ser conduzidos, antes de podermos dizer com confiança que são de fato eficazes.

QUAIS SÃO OS CUSTOS DO DIR/FLOORTIME?

O Floortime pode ser administrado a crianças por terapeutas, professores e pais. Famílias que pretendam executar o Floortime na própria casa precisam contratar um profissional treinado em Floortime para ajudar na criação de um programa pessoal e abrangente que siga o modelo do DIR. Terapeutas qualificados cobram em torno de 90 dólares a 200 dólares por hora, dependendo da região. Em geral, várias horas são necessárias para observações iniciais e planejamento.[6] Alguns pais optam por comparecer a *workshops*, programas de treinamento e conferências oferecidas pela organização do Dr. Greenspan – o Conselho Interdisciplinar para Distúrbios do Desenvolvimento e Aprendizado – ICDL, na sigla em inglês, ou por terapeutas credenciados. Os preços variam, dependendo da certificação do profissional, mas os *workshops* parecem custar cerca de 250 dólares, e programas completos de treinamento custam de mil a 3 mil dólares.[2]

O Floortime muitas vezes é incorporado nos currículos de educação especial e, portanto, pode ser fornecido gratuitamente a crianças pequenas qualificadas pelas escolas. O Floortime não é um processo terapêutico de curta duração. A terapia intensiva de Floortime é conduzida por duas a cinco horas diárias, ao longo de vários anos. Este tipo de intervenção requer pais ou familiares dedicados, que reservem tempo para implementar o modelo DIR e o Floortime.

DIR/FLOORTIME			
Idades	→	mais eficazes com crianças pequenas	
Apoio informal dos pais	→	não muito	misto	positivo
Evidências científicas	→	fracas	moderadas	fortes
Disponibilidade	→	limitada	moderada	ampla
Custo (tempo e dinheiro)	→	mínimo	moderado	alto

8
SUPLEMENTOS NUTRICIONAIS
Elisabeth Hollister Sandberg e
Kristen L. Batejan

O QUE SÃO OS SUPLEMENTOS NUTRICIONAIS?

Suplementos dietéticos ou nutricionais são substâncias não alimentares digeríveis que contêm vitaminas, minerais e elementos, enzimas, probióticos, antifúngicos, antibacterianos, antivirais, fibras, ácidos graxos ou aminoácidos. Eles vêm na forma de comprimidos, cápsulas, pós e líquidos. Os proponentes afirmam que os suplementos nutricionais podem ser usados para abordar deficiências nutricionais que causam os sintomas de TEA. Os suplementos nutricionais são usados no tratamento de sintomas de TEA desde a década de 1960, mas a sua popularidade como intervenção para o TEA aumentou imensamente durante os anos 1990. A FDA não regula ou aprova suplementos para o tratamento de qualquer problema de saúde.

COMO OS SUPLEMENTOS NUTRICIONAIS SUPOSTAMENTE FUNCIONAM COMO TRATAMENTO PARA O TEA?

Crianças com TEA geralmente são muito seletivas com alimentos. Dietas restritas nem sempre permitem a nutrição adequada e equilibrada. Além disso, existem evidências de que crianças com TEA estão mais propensas a ter distúrbios gastrintestinais, que podem resultar em digestão ineficiente e absorção inadequada de nutrientes.[1] Os suplementos nutricionais supostamente tratam os sintomas das crianças com TEA por meio de dois possíveis mecanismos – pela abordagem das deficiências nutricionais e pelo alívio dos problemas gastrintestinais.[2]

Uma grande gama de possíveis deficiências nutricionais tem sido associada, geralmente de modo informal, com sintomas de TEA. Alguns dos suplementos mais usados como terapia para TEA incluem os seguintes:

- Melatonina: esse suplemento é uma versão sintética de um hormônio produzido naturalmente pelo corpo. A melatonina regula os ciclos do sono.

- Vitamina B6 e magnésio: as vitaminas do complexo B promovem o funcionamento nervoso saudável e o tono muscular. Quando combinada com magnésio, a vitamina B6 supostamente melhora o contato visual e a fala e promove um comportamento mais tranquilo. Deficiências em magnésio podem levar a irritabilidade, fadiga e coordenação deficiente. Alimentos especialmente ricos em vitamina B6 incluem peixe, carne vermelha, batata, oleaginosas e bananas. Alimentos ricos em magnésio incluem vegetais folhosos verdes, sementes e legumes (por exemplo: semente de abóbora, amendoim e feijão preto).

- Ácidos graxos essenciais: os ácidos graxos ômega 3 são essenciais para o desenvolvimento normal do cérebro. Os ácidos graxos supostamente melhoram o aprendizado e o comportamento, estabilizando os níveis de neurotransmissores no cérebro. Peixes, sementes e oleaginosas são boas fontes naturais de ácidos graxos.

- Vitamina C: ela é importante para a recuperação e produção de neurotransmissores. A vitamina C também age como antioxidante, protegendo as células do cérebro contra o estresse por oxidação. A vitamina C é encontrada em frutas e vegetais frescos, como, por exemplo, frutas cítricas, melão, mamão, morango, pimentão verde, repolho e couve-de-bruxelas. A vitamina C não é estável sob o calor e o nutriente é destruído durante a cocção.

- Probióticos e enzimas digestivas: os probióticos supostamente melhoram as funções digestivas, o que, por sua vez, pode resultar em redução dos comportamentos agressivos no TEA quando ocorre alívio do desconforto abdominal. Os bióticos são bactérias "boas", que residem no intestino e são essenciais para a promoção da digestão. Iogurte, queijo e outros alimentos fermentados contêm essas bactérias desejáveis. Os probióticos são eliminados pelo calor.

- DMG (dimetilglicina): o DMG, também chamado de vitamina B15, supostamente melhora a linguagem e o funcionamento social pela melhora na circulação e absorção de nutrientes. Fontes de vitamina B15 incluem certas sementes, como, por exemplo, de girassol, gergelim e de abóbora, e também carnes e arroz preto.

Teoricamente, pode-se criar um regime de suplementos para as necessidades nutricionais e perfil de sintomas da criança, ao determinarem-se as suas deficiências. No entanto, a maior parte das deficiências nutricionais é determinada por suposições, não por exames laboratoriais. Muitos suplementos são comercializados em fórmulas combinadas que assumem a abordagem de "uma solução para todos".

Alguns suplementos nutricionais podem interagir com outros medicamentos ou alguma questão de saúde anterior ao tratamento, de modo que recomendamos a consulta a um médico antes do consumo desses suplementos. Se os pais optarem por seu uso, recomendamos a introdução gradual dos suplementos, um de cada vez, além de anotações detalhadas sobre o comportamento da criança. As doses deverão ser exatamente aquelas prescritas, já que muitos suplementos são tóxicos em altas doses.[3]

O QUE HÁ NA INTERNET SOBRE SUPLEMENTOS NUTRICIONAIS COMO TRATAMENTO PARA O TEA

Muitos sites dedicados ao TEA afirmam que os suplementos são um tratamento crítico para o TEA. Alguns sites chegam a afirmar que os suplementos curarão totalmente o TEA. Muitos desses, contudo, estão associados a pessoas ou empresas que vendem os suplementos. Observe que a FDA não permite que fabricantes de suplementos nutricionais declarem que os seus produtos curam ou até mesmo tratem qualquer distúrbio ou doença, incluindo o TEA. No máximo, os fabricantes podem sugerir que os seus suplementos podem melhorar determinados comportamentos ou problemas. Isso, contudo, não impede que vendedores de varejo desses mesmos suplementos façam declarações não comprovadas sobre benefícios à saúde.

Sites mais moderados, como o Talk About Curing Autism (TACA: www.tacanow.org), discutem a possibilidade de os suplementos melhorarem o bem-estar geral de uma pessoa com diagnóstico de TEA. A maior parte das evidências consiste em testemunhos de famílias de crianças com TEA que implementaram suplementos nutricionais e descobriram melhora em comportamentos como fala, contato visual, obediência e padrões de sono em seus filhos.

As informações encontradas online sobre suplementos individuais muitas vezes são contraditórias. Por exemplo, um site da Web informa que a vitamina B6 melhora os sintomas de TEA, sem descrever como, enquanto outro site afirma que as crianças não devem consumir vitamina B6, em virtude dos sérios riscos à saúde associados com esta vitamina, como, por exemplo, a neuropatia. Outros, ainda, informam que a vitamina B6 funciona apenas quando consumida com magnésio.

Muitas famílias utilizam suplementos nutricionais combinados com outros suplementos, além de utilizá-los em combinação com outros tratamentos nutricionais e comportamentais. Muitas famílias que usam suplementos para a melhora dos comportamentos de crianças com TEA, por exemplo, também usam uma dieta sem glúten e sem caseína, além de terapias comportamentais como Análise Comportamental Aplicada. Assim, torna-se impossível determinar qual das intervenções é responsável pela melhora em determinado sintoma ou comportamento.

O QUE OS CIENTISTAS DIZEM SOBRE SUPLEMENTOS NUTRICIONAIS?

Dos inúmeros suplementos nutricionais disponíveis, apenas alguns foram estudados cientificamente como tratamentos para o TEA. Dos mais utilizados, a melatonina, ácidos graxos, vitamina C e dimetilglicina (DMG) são os mais estudados. Ao analisarem-se as evidências em favor dos suplementos nutricionais como tratamento para o TEA, é muito importante observar que esses estudos mostram taxas de resposta a placebo superiores a 30%. Isso significa que cerca de um terço das famílias de crianças com TEA relatam melhoria no comportamento de uma criança, mesmo quando esta não está tomando um suplemento real. Esses achados demonstram que há um forte poder de sugestão e expectativas associadas com suplementos nutricionais que podem superestimar a eficácia real dos suplementos no tratamento de TEA. Em um estudo com controle com placebo, um grupo de pessoas toma determinado suplemento, enquanto outro grupo toma um placebo – pílula de açúcar sem um ingrediente ativo. A taxa de resposta ao placebo é uma medida do poder de sugestão e expectativa. Quantos daqueles que tomam a pílula de açúcar relatam melhoria nos sintomas? Em estudos de suplementos nutricionais para o TEA, cerca de um terço das famílias cujas crianças estão tomando pílulas de açúcar relatam melhorias positivas no funcionamento.

Em 2009, um pesquisador conduziu uma análise detalhada de estudos anteriores que examinavam os suplementos como tratamento para o TEA.[2] Os tratamentos eram classificados com base na quantidade e qualidade de evidências científicas em apoio à sua eficácia. Apenas a melatonina recebeu a classificação A, indicando que existem boas evidências científicas para a sua eficácia. Diversos suplementos usados para o tratamento de TEA receberam classificações beirando a reprovação: probióticos e enzimas digestivas, TMG (trimetilglicina), DMG, ácido fólico e vitamina B12.[4,5,6,7,8,9] A vitamina B6 combinada com magnésio e ácidos graxos recebeu uma classificação intermediária para evidências científicas, apesar de evidências testemunhais muito fortes encontradas na Internet. Os suplementos com as melhores evidências científicas para a sua eficácia no tratamento de sintomas de TEA são os seguintes:

- Melatonina (dose = 1-10 mg/dia): melhora os padrões de sono e reduz a latência do sono em aproximadamente 80% de todas as crianças com TEA estudadas. Leves efeitos adversos foram informados. Esses incluem sonolência matinal, agitação antes da hora de dormir, aumento nos despertares noturnos e maior ocorrência de enurese (urinar na cama).

- L-carnitina (dose = 100 mg/kg/dia): em estudos controlados, demonstrou melhoria no sono, no nível de energia e nas habilidades de comunicação de crianças com Síndrome de Rett. Efeitos adversos incluem diarreia e odor de peixe no corpo.

- BH4 (tetrahidrobiopterina) (dose = 1-3 mg/kg/dia): foi estudada em 14 crianças com TEA durante um período de 24 semanas. Metade das crianças demonstrou melhora na linguagem e na interação social. Em um estudo mais amplo, metade dos 136

indivíduos com TEA estudados relataram aumentos na interação social, contato visual e vocabulário.

- Vitamina C (dose = 114 mg/kg/dia): resultou em redução significativa nos comportamentos estereotipados, como balanço
  do corpo, giros, andar a esmo, adejar as mãos, para 18 crianças
  com TEA que participaram de um estudo de *crossover* de 30 semanas. Não foram observados efeitos adversos.

Embora existam evidências de que suplementos podem ajudar a
aliviar alguns dos sintomas vistos tipicamente em crianças com TEA,
lembre-se de que alguns desses estudos apresentam limitações, como,
por exemplo, ausência de inclusão de grupo de controle, ausência de
consideração quanto a outras terapias ou tratamentos. Com poucas ex-
ceções, é difícil dizer, com segurança e de forma válida, se os suplementos mais usados melhoram os sintomas de TEA em crianças.

QUAIS SÃO OS CUSTOS DOS SUPLEMENTOS NUTRICIONAIS?

Em geral, os suplementos são vendidos em porções mensais e os custos
variam imensamente – de 5 dólares a mais de 50 dólares por suplemento ao mês. Os proponentes dos suplementos defendem o seu consumo
indefinidamente, isto é, não são uma solução de curto prazo. Testes laboratoriais específicos para deficiências nutricionais em geral não são
cobertos por convênios médicos ou pelo sistema público de saúde.
Abordagens de tentativa e erro podem levar à descontinuação do uso
de muitos suplementos. A supervisão médica é recomendada, porque
muitos desses suplementos são tóxicos em altas doses. Por exemplo, o
excesso de vitamina C pode causar perturbações gastrintestinais; vitamina D em excesso pode causar acúmulo de cálculo, resultando em hi-
percalcemia, enquanto o excesso de ferro pode ser fatal em crianças.[10]
O uso de suplementos nutricionais para o tratamento de TEA pode exi-

gir um alto investimento de esforço pelos pais. Os suplementos devem ser consumidos em horários regulares, para surtirem efeito, a perda de doses ou o uso irregular prejudica a sua eficácia. É comum as crianças não conseguirem engolir pílulas ou cápsulas, e treinar crianças com TEA para fazerem isso pode ser especialmente difícil. As formas líquidas e em pó dos suplementos geralmente têm paladar desagradável e precisam ser dadas com os alimentos e bebidas preferidos da criança, de forma velada.

SUPLEMENTOS NUTRICIONAIS			
Idades	→	todas as idades	
Apoio informal dos pais	→	não muito	misto	positivo
Evidências científicas	→	fracas	moderadas	fortes
Disponibilidade	→	limitada	moderada	ampla
Custo (tempo e dinheiro)	→	mínimo	moderado	alto

9
DIETA SEM GLÚTEN/ SEM CASEÍNA

Elisabeth Hollister Sandberg e
Susan E. Michelson

O QUE É UMA DIETA SEM GLÚTEN E SEM CASEÍNA?

Uma dieta sem glúten e sem caseína (SGSC) é aquela na qual todo o glúten e toda a caseína são eliminados da dieta. O glúten é uma proteína encontrada no trigo, centeio, cevada e aveia e em quaisquer produtos feitos desses grãos, como amidos alimentares, malte, molho de soja, alguns aromatizantes e colorantes artificiais. A caseína é uma proteína encontrada no leite. Manteiga, queijo, iogurte, cremes e sorvetes contêm caseína. A caseína também é um ingrediente encontrado em muitos alimentos processados, como carnes enlatadas, salsichas, atum enlatado, coberturas cremosas que não envolvem laticínios, manteiga ou margarina artificial e alimentos como batatas fritas.

COMO UMA DIETA SEM GLÚTEN/SEM CASEÍNA SUPOSTAMENTE FUNCIONA COMO TRATAMENTO PARA O TEA?

A dieta SGSC tem sido usada como intervenção para distúrbios comportamentais e mentais desde a década de 1960. Existem dois diferentes conjuntos de motivações para o uso de uma dieta SGSC como tratamento para o TEA. A primeira motivação se baseia na ideia de sensibilidade alimentar. Muitos pais de crianças com TEA observaram que os seus filhos parecem ser sensíveis a certos alimentos. Esses pais com frequência experimentam diferentes dietas para os filhos, que envolvem a eliminação de determinados alimentos ou ingredientes. A crença é de que, uma vez aliviados do desconforto digestivo e da dor, as crianças com TEA podem tornar-se mais comunicativas, podem exibir menos comportamentos desorganizados e dormir melhor.

A segunda lógica para a adoção de uma dieta SGSC para o tratamento do TEA relaciona-se à Teoria do Excesso de Opioides,[1] que postula que crianças com TEA podem ter mais dificuldade para digerir os grupos de peptídeos formados pelo glúten e caseína comparadas com outras crianças. Esses grupos de peptídeos supostamente entram na corrente sanguínea pelo intestino e, então, atuam no cérebro assim como os opioides (drogas como morfina, heroína e codeína). Portanto, se a criança com TEA têm grupos de peptídeos de glúten e caseína não digeridos, seu cérebro pode ser afetado como se consumisse drogas como heroína, por exemplo, causando o aparecimento de comportamentos associados com o consumo dessas drogas. A Teoria do Excesso de Opioides explicaria os sintomas de TEA como sensibilidade reduzida à dor, evidenciada por comportamento autoagressivo, e necessidade de rotina, evidenciada por comportamentos ritualísticos e estereotipados. Além disso, alguns cientistas supõem que a exposição de longa duração a esses peptídeos no cérebro pode levar a malformações das regiões cerebrais relacionadas à falta de habilidades sociais e isolamento, assim como ocorre com o abuso de drogas no longo prazo. Teoricamente, a remoção do glúten e da caseína da dieta também remove a influência dessas cadeias de peptídeos no cérebro da criança e os comportamentos associados com o uso de opioides apresentam redução.

O QUE HÁ NA INTERNET SOBRE A DIETA SEM GLÚTEN/SEM CASEÍNA COMO TRATAMENTO PARA O TEA

Uma vez que a Teoria do Excesso de Opioides não é amplamente aceita, há muita controvérsia envolvendo o uso da dieta SGSC para o tratamento do TEA, resultando em sites informativos altamente polarizados, na Internet. Como ocorre com as intervenções que exigem muito compromisso dos pais, os apoiadores e detratores declaram suas posições com veemência. Por exemplo, em resposta ao ceticismo sobre a dieta SGSC manifestado com frequência pela comunidade médica, o site "Gluten-free Casein-free" (gfcf.com) declara com determinação: "Pesquisas com pais realizadas pelo Autism Research Institute relacionam a Dieta SGSC como uma das intervenções de maior sucesso para o tratamento de Transtornos do Espectro do Autismo". O site sugere que os pais pressionem seu médico para saberem mais sobre a dieta e solicitem o apoio para a sua decisão de tratar seus filhos com a dieta SGSC. Um tema comum entre os sites em apoio à dieta SGSC é sustentar que seja razoável usar um tratamento que possui apoio apenas informal antes de ter sido identificado na literatura médica como um tratamento eficaz. Há um sentimento prevalecente de "não há nada a perder e tudo a ganhar".

Um grande número de "relatos de sucesso" pode ser encontrado na Internet – testemunhos e evidências informais de pais que consideraram a dieta SGSC útil para seus filhos com TEA. Alguns pais relatam que seus filhos exibem alívio "miraculoso" dos sintomas após alguns dias com a dieta SGSC; por exemplo, eles se tornam mais alegres, conseguem brincar de forma independente e apresentam maior contato visual. Há relatos de pais cujos filhos não verbais começaram a falar apenas alguns dias após o início da dieta.

Uma análise mais profunda online revelará sites mais ponderados, nos quais os autores têm o cuidado de afirmar que proteínas do glúten e da caseína podem ser responsáveis por comportamentos do TEA. Em outros locais, podemos encontrar relatos de pais que descrevem os desafios associados com a manutenção de uma criança na dieta SGSC. As crianças com TEA com frequência são altamente seletivas para comer. O glúten e a caseína são ingredientes comuns na maioria dos alimentos infantis – cereais, biscoitos, macarrão instantâneo, iogurte, etc. A eliminação desses alimentos da dieta desses comedores exigentes pode ser bastante difícil – especialmente se a criança é pequena ou tem dificuldade de comunicação. Manter uma dieta SGSC "no mundo real" acrescenta camadas adicionais de dificuldade. Os pais precisam providenciar alimentos especiais para a criança comer na escola, e as opções serão altamente limitadas em restaurantes e encontros sociais. À medida que as crianças ficam mais velhas e começam a consumir alimentos longe do olhar atento dos pais, pode ser extremamente difícil garantir a conformidade com a dieta.

Embora a dieta SGSC geralmente seja discutida online como tratamento para TEA, dietas sem glúten são sugeridas para outros problemas de saúde, como doença celíaca – resultando em um volume gigantesco de materiais de consulta em sites da Internet. Existem sites com foco em dicas e produtos, aqueles que explicam os problemas médicos e aqueles que abordam especificamente a dieta SGSC como tratamento para TEA.

Muitos resultados de pesquisas na Internet levam a sites que vendem produtos SGSC. Por exemplo, o site GFCF Diet (www.gfcfdiet. com) fornece informações sobre os primeiros passos na dieta sem glúten/sem caseína, livros de receitas, dicas de culinária e um quadro de mensagens da comunidade. É fácil encontrar listas de alimentos que contêm ou não contêm glúten ou caseína. Os leitores podem encontrar sites dedicados a ajudar com os custos financeiros de uma dieta SGSC. Por exemplo, "Talk About Curing Autism" (www.tacanow.org) inclui uma página da Web com o título de "GFCGSF Diet on a Budget". Aqui, os autores dividem a dieta em três abordagens representadas por símbolos de dólar, que vão de $$$ = "compre tudo pronto" até $ = "cozinhe tudo você mesmo". Esse site, como muitos outros, também contém links para informações sobre leitura de rótulos de ingredientes, fontes veladas de glúten e caseína, listas de compras sem glúten e sem caseína e empresas que revendem produtos sem glúten e sem caseína.

O QUE OS CIENTISTAS DIZEM SOBRE A DIETA SEM GLÚTEN/SEM CASEÍNA?

Ao avaliar uma dieta SGSC como tratamento para TEA, os pesquisadores devem ter o cuidado de não incluir casos de crianças com TEA com alergias alimentares comprovadas por exames médicos a trigo e/ou laticínios. Esses problemas são considerados causas médicas para uma dieta de restrição, e melhorias na saúde e no comportamento seriam esperadas apenas por esta razão.

O interesse no uso de dietas SGSC para o tratamento de transtornos comportamentais e mentais começou em meados da década de 1960, quando se percebeu que a incidência de esquizofrenia era baixa nas sociedades das Ilhas do Pacífico Sul com dietas pobres em trigo e laticínios. A hipótese relacionada à esquizofrenia declarava que aqueles com o transtorno tinham um desvio genético que impedia o metabolismo de glúten e caseína. Em 1979, a ideia foi expandida para incluir o TEA.[2] A lógica se baseava em estudos com animais, que mostravam que cobaias e pintinhos tratados com opiáceos não sentiam plenamente a dor, não choravam normalmente, não se agarravam aos pais, não desejavam companhia social e mostravam extrema persistência comportamental.

Devido a dificuldades metodológicas e práticas, apenas um pequeno número de estudos investigou cientificamente a eficácia de uma dieta SGSC para TEA. É muito difícil avaliar se uma dieta SGSC é eficaz, em razão do impacto que as expectativas dos pais podem ter sobre os resultados informados. Uma vez que pais esperançosos e dedicados desejam ardentemente que a dieta funcione, eles com frequência relatam melhora no comportamento do filho autista que, quando examinada objetivamente, pode representar apenas um desejo otimista de que as coisas fossem assim. Um segundo grande problema que afeta as pesquisas nesta área é o tamanho da amostra. É difícil generalizar resultados quando um número muito pequeno de participantes é usado em um estudo. Conclusões científicas não podem ser extraídas das experiências de apenas uma ou duas famílias. Além disso, o fato de a maioria das famílias de crianças com TEA utilizar abordagens terapêuticas torna muito difícil atribuir "crédito" por melhoras à dieta em particular. Complicando ainda mais a capacidade para a extração de conclusões há o fato de que a sintomatologia do TEA muda à medida que as crianças se desenvolvem, independentemente da intervenção.

Um bom estudo científico sobre a eficácia da dieta SGSC compararia, idealmente, dois grupos de indivíduos equivalentes – um grupo que segue a dieta e outro que não a segue. Como descrevemos em detalhes no Capítulo 2, o padrão ouro nas pesquisas científicas é um estudo no qual ninguém que trabalhe com os participantes saiba qual dos dois grupos é qual, isso já eliminaria o que chamamos de efeito placebo, quando os pais ou pesquisadores veem o que esperavam ver. Até o momento, houve apenas um estudo desta espécie sobre o uso da dieta SGSC em crianças com TEA.[3] Em 2006, 15 crianças com idades entre 2 e 16 anos diagnosticadas com TEA foram selecionadas como participantes do estudo. As crianças consumiram apenas as refeições e lanches fornecidos pelos pesquisadores, durante 12 semanas. Metade das crianças consumiu a dieta SGSC por seis semanas e, depois, uma dieta normal por seis semanas. A outra metade começou com dieta normal por seis semanas e, depois, mudou para uma dieta SGSC. O estudo era duplo-cego: nem os investigadores nem os pais e as crianças sabiam qual das dietas estavam consumindo.

Os pesquisadores mediram diversos desfechos diferentes. Para testarem a Teoria de Excesso de Opioides, eles mediram os níveis de peptídeo na urina dos participantes. Presumindo-se que a dieta SGSC estivesse afetando as crianças como pretendido, aqueles que seguiam a dieta SGSC deveriam apresentar evidências de níveis inferiores de peptídeos em sua urina. Em crianças com dietas normais, comparadas com aquelas com a dieta SGSC, não houve diferença nesses níveis. Comportamentos como imitação da interação, capacidade de resposta e fala inteligível também foram estudadas com o uso da Escala de Avaliação de Autismo na Infância e por observações comportamentais nas casas das crianças por assistentes. Esses comportamentos não diferiam em termos das dietas das crianças.[3]

Uma revisão de todos os estudos sobre a eficácia da dieta SGSC apoia a ausência de conclusões do estudo descrito anteriormente. Em 2010, um grupo de pesquisadores analisou 14 estudos diferentes que haviam investigado a eficácia da dieta SGSC para a melhoria dos comportamentos de TEA, tais como comunicação, estereotipia, brincadeiras, agressão e autoagressão, incluindo um décimo quinto estudo publicado posteriormente.[4]

O tamanho dos grupos estudados variava de 1 a 50 participantes, a maioria deles era do sexo masculino (67%) e a faixa etária era ampla (dos 2 aos 17 anos). O tempo de implementação das dietas variava de quatro dias a quatro anos. A duração média da intervenção na dieta era de dez meses. Os dados de desfechos comportamentais foram colhidos usando combinações de questionários, observação direta e testes padronizados. Alguns dos estudos também mediam os peptídeos urinários, enzimas e anticorpos. Ao analisarem todos os estudos, os pesquisadores concluíram que o uso de dieta SGSC para o tratamento de TEA não tinha apoio das evidências científicas. Eles explicam que os estudos que encontram efeitos positivos com frequência contêm procedimentos de medição imensamente influenciados pelas expectativas dos pais participantes.

Há algumas evidências de que dietas SGSC podem ter consequências potencialmente prejudiciais. Um estudo realizado em 2003 descobriu que crianças com TEA em uma dieta SGSC exibiam maiores deficiências em certos aminoácidos essenciais, comparadas com crianças com TEA que não estavam em dietas de restrição.[5] Os pesquisadores concluíram que estudos adicionais são essenciais para determinar se as dietas restritivas podem ou não colocar crianças com TEA em risco de desnutrição, podendo afetar ainda mais o desenvolvimento cerebral. Um estudo de 2008 examinou a densidade óssea de 75 meninos pequenos com TEA. Meninos com dieta sem caseína mostravam praticamente o dobro das deficiências em densidade óssea que aqueles sem dietas restritivas.[6] Esses estudiosos concluem que o desenvolvimento ósseo deve ser monitorado com especial atenção em meninos com TEA que seguem dietas de restrição.

No geral, os dados científicos sobre a utilidade e eficácia da dieta SGSC para o tratamento de TEA são muito escassos. O Projeto de Normas Nacionais do Centro Nacional de Autismo, nos Estados Unidos, relacionou a dieta SGSC como "tratamento não estabelecido" em 2009 – significando que existem poucas ou nenhuma evidência em apoio a sua eficácia como tratamento para TEA.[7]

QUAIS SÃO OS CUSTOS DE UMA DIETA SEM GLÚTEN E SEM CASEÍNA?

Os custos à saúde associados com a dieta SGSC, como desnutrição e perda de densidade óssea, são potencialmente significativos. Os pais devem implementar uma dieta SGSC sob a supervisão e monitoramento periódico de um médico.

Uma dieta SGSC consiste, basicamente, em carnes e vegetais, que tendem a ser itens mais caros do que grãos. Alimentos SGSC especialmente preparados (biscoitos e cereais) podem ser mais caros, com frequência de duas a três vezes o preço de um produto comum contendo glúten ou caseína. Alimentos sem glúten e sem caseína podem ser difíceis de encontrar, embora sua disponibilidade tenha aumentado imensamente nos últimos anos. Uma vez que pode ser difícil encontrar alimentos SGSC em mercados locais, especialmente em áreas rurais, algumas famílias adquirem produtos pelo correio. Sites de dieta SGSC sugerem o investimento em "manuais para iniciantes" (com preços variando de 30 a 60 dólares) e livros de receitas específicos para esta dieta.

As dietas SGSC também envolvem esforço e custo social. Os pais devem planejar consultas periódicas com pediatras para conferir a nutrição adequada dos filhos. Policiar o consumo alimentar de um membro da família, ou alterar os hábitos alimentares de toda a família, pode causar muita tensão. A maioria das crianças resiste fortemente a mudanças na dieta. A necessidade de examinar rótulos significa que as compras de alimentos e sua preparação exigem tempo adicional. Refeições em restaurantes ou na casa de amigos geralmente envolvem levar alimentos especiais e separados para a criança. Festas de aniversário, eventos escolares e outras atividades sociais que envolvam alimentos apresentam uma gama de desafios para a criança com dietas de restrição.

DIETA SEM GLÚTEN/SEM CASEÍNA (SGSC)

Idades	→	todas as idades		
Apoio informal dos pais	→	não muito	misto	positivo
Evidências científicas	→	fracas	moderadas	fortes
Disponibilidade	→	limitada	moderada	ampla
Custo (tempo e dinheiro)	→	mínimo	moderado	alto

10

OXIGENOTERAPIA HIPERBÁRICA

Nicholas D. Taylor e
Elisabeth Hollister Sandberg

O QUE É A OXIGENOTERAPIA HIPERBÁRICA?

A oxigenoterapia hiperbárica (OH) refere-se à prática de sentar-se ou deitar-se dentro de uma câmara especial, geralmente um cilindro na posição horizontal, enquanto uma mistura de ar é bombeada mecanicamente em seu interior, aumentando a pressão atmosférica e a concentração de oxigênio dentro da câmara. A OH é utilizada no tratamento de condições que exigem ou se beneficiam da maior disponibilidade de oxigênio nos tecidos corporais, como enjoo em altura, envenenamento por monóxido de carbono e ferimentos por queimaduras. A OH começou a emergir como um tratamento de crescente popularidade para TEA no início dos anos 2000.

COMO A OXIGENOTERAPIA HIPERBÁRICA SUPOSTAMENTE FUNCIONA COMO TRATAMENTO PARA TEA?

A oxigenoterapia hiperbárica é um tratamento médico legítimo aprovado pela FDA para problemas específicos de saúde.[1] Os pacientes são colocados em uma câmara de aço muito resistente que permite que a pressão atmosférica em seu interior seja aumentada, expondo-os a níveis puros ou elevados de oxigênio. O aumento de oxigênio e pressão intensifica o transporte do oxigênio pelo plasma sanguíneo durante o tratamento. Para tontura por descompressão, vivenciada por mergulhadores quando sobem à superfície da água com demasiada rapidez, a OH é usada para "recomprimir" e restaurar os níveis de oxigênio no sangue. Para outros problemas, tais como queimaduras e enxertos de pele, a OH é útil porque aumenta o oxigênio disponível aos tecidos corporais danificados que não recebem fluxo sanguíneo adequado, atrasando a morte tecidual.[2]

Os defensores da OH como tratamento para TEA afirmam que indivíduos com TEA podem beneficiar-se da OH por três razões. Em primeiro lugar, os proponentes observam que estudos de pesquisas demonstraram que algumas pessoas com TEA têm fluxo sanguíneo reduzido para certas áreas do cérebro, tais como o tálamo, os lobos temporais e a amídala, entre outros. O fluxo sanguíneo reduzido para essas áreas supostamente resulta em prejuízos na expressão emocional, em desejo pela rotina, comportamentos repetitivos e redução do Q.I.[3] Em segundo lugar, há menção frequente a pesquisas indicando que crianças com TEA têm maior inflamação neural e inflamação gastrintestinal (inchaço). Tecidos inflamados podem causar dor e interferir com o funcionamento adequado dessas partes corporais. Em terceiro lugar, os defensores afirmam que o TEA é caracterizado por maior estresse oxidativo – um desequilíbrio entre a produção e o uso de moléculas quimicamente reativas contendo oxigênio; tal desequilíbrio pode levar a dano cerebral. A OH é oferecida como intervenção capaz de ajudar pessoas com TEA por causa do aumento do fluxo sanguíneo no cérebro, diminuindo a inflamação neural e gástrica e reduzindo o estresse oxidativo, que poderia estar danificando o tecido cerebral. Além disso, alguns proponentes sugeriram que a OH também pode mobilizar células do tronco cerebral capaz de reparar áreas danificadas do cérebro, restaurando o funcionamento e melhorando os sintomas de TEA.[4]

O QUE HÁ NA INTERNET SOBRE A OXIGENOTERAPIA HIPERBÁRICA COMO TRATAMENTO PARA TEA

A oxigenoterapia hiperbárica conquistou mais visibilidade com a literatura popular sobre o tratamento para TEA. Uma busca na Internet sobre a intervenção revela um grande número de artigos, publicações em blogs, descrições e vídeos recentes que oferecem informações e comentários. Essas fontes vão de notícias sensacionalistas até comentários altamente detalhados sobre a validade do tratamento por médicos com experiência em seu uso. Dada a natureza controversa do uso da OH para o tratamento de TEA, os interessados que buscam informações encontrarão uma combinação de defensores inflexíveis e críticos ferozes. No geral, os pais interessados em OH para TEA encontrarão um volume imenso de informações sobre o tratamento online. As fontes variarão muito em sua ênfase, qualidade e conclusões, com alguns indivíduos afirmando que a OH é a cura e outros concluindo que este é um tratamento improvável ou, no mínimo, puramente especulativo. Muitas das organizações influentes para o TEA, que fornecem informações sobre tratamentos, mencionam a OH como possível terapia. Por exemplo, a Associação para a Ciência no Tratamento de Autismo (Association for Science in Autism Treatment) fornece um resumo descritivo muito breve das pesquisas e declara que "não existem estudos com fortes projetos experimentais" sobre a OH para TEA. Eles recomendam que os profissionais apresentem o tratamento como "não testado".[5] Outras organizações nem sequer mencionam o tratamento, como o site Autism Speaks (www.autismspeaks.org). Outras, ainda, fornecem um grande volume de informações em apoio ao tratamento. Em geral, as organizações e os sites de notícias sobre TEA que salientam intervenções baseadas em evidências e na ciência tratam a OH com ceticismo. O blog popular Left-Brain Right-Brain seria um exemplo. Organizações e sites na Internet que salientam tratamentos médicos, como o Natural News e o Autism Research Institute, defendem o tratamento. O site do Autism Research Institute (www.autism.com) apresenta de forma bastante proeminente a OH no alto de uma lista de "tratamentos dignos de nota úteis para crianças com autismo". Em resumo, dependendo de onde você pesquisa, os escritores oferecem relatos muito diferentes sobre a eficácia da OH como tratamento para o TEA.

A cobertura na mídia também apresenta perspectivas variadas. Alguns escritores concentram-se no potencial da OH e abordam a história de uma criança que realiza o tratamento atualmente. Esses artigos citam o provedor do tratamento, descrevendo como a OH funciona, e também conversam com os pais da criança sobre o impacto que o tratamento teve sobre o filho. Essas fontes tendem a salientar a possibilidade do benefício terapêutico, oferecer relatos informais sobre a melhora por profissionais e pais e, ocasionalmente, mencionam que este é um tratamento controverso. Os leitores também podem encontrar fontes de notícias que salientam novas pesquisas ou a base científica do tratamento. Esses artigos podem cobrir aspectos técnicos das pesquisas associadas com OH para TEA, tais como a qualidade das pesquisas. Essas fontes tendem a ser mais críticas sobre a OH para TEA que artigos na mídia local ou nacional que se concentram em profissionais e em histórias individuais. Artigos semelhantes que vão ainda mais fundo na ciência por trás da OH podem fornecer aos interessados relatos e explicações extremamente detalhados sobre as pesquisas subjacentes à popularização e controvérsia envolvendo a OH.

Muitos sites foram criados por profissionais e clínicas que lucram com a oferta de serviços de OH para TEA. Um profissional da Defeat Autism Now ("Derrote o Autismo Agora") mantém um site da Web com foco amplo na OH.[6] Neste site, ele oferece informações sobre o funcionamento da OH, os problemas de saúde que podem ser tratados e uma loja online onde uma câmara hiperbárica pode ser adquirida, a um preço bastante alto. Ele fornece declarações sobre sua capacidade de tratar o TEA e testemunhos de pais que relatam reversão impressionante de sintomas nas crianças tratadas.

O QUE OS CIENTISTAS DIZEM SOBRE A OXIGENOTERAPIA HIPERBÁRICA?

O uso da OH como tratamento para TEA se baseia na crença de que a neuroinflamação, a inflamação intestinal, o estresse oxidativo e o fluxo sanguíneo deficiente no cérebro são causas prováveis de sintomas de TEA, e a OH pode aliviar esses problemas. Embora realmente existam evidências científicas de fluxo sanguíneo reduzido ou anormal em certas áreas do cérebro de algumas crianças com TEA, os estudiosos não sabem com certeza como interpretar tais achados. As evidências de neuroinflamação vêm de uma equipe de pesquisas da Johns Hopkins University. Uma vez que esses pesquisadores acharam que seu trabalho estava sendo utilizado repetidamente de forma incorreta para justificar uma variedade de tratamentos (como OH), eles produziram alguns documentos com perguntas e respostas envolvendo o seu trabalho sobre neuroinflamação entre pessoas com TEA.[7] Eles observam que as respostas inflamatórias neurais podem ser um sistema de proteção e reparo para o cérebro, não um problema que exija intervenção. Além disso, os pesquisadores observam que o TEA é "altamente variável em sua forma de apresentação... é possível que a nossa amostra de casos não represente todo o espectro autista".

Em 2006, foi publicada uma coleção de relatos de casos que descreviam os efeitos da OH para seis crianças com TEA. Entre esses casos individualizados, emergiram resultados promissores.[8] Em 2007, os mesmos pesquisadores estudaram 18 crianças e adolescentes com TEA usando um esquema de grupo de comparação mais rigoroso.[9] As crianças foram distribuídas entre dois grupos de tratamento que diferiam no teor de pressão e oxigênio aos quais eram expostas ao longo de quarenta sessões de tratamento. Um grupo recebeu níveis de pressão e oxigênio de OH, o outro grupo recebeu pressão e oxigênio apenas ligeiramente mais altos que o "ar ambiente". Os estudiosos compararam os dois grupos em diferentes medições relevantes, incluindo indicadores biológicos de estresse oxidativo e medições comportamentais como motivação, fala e consciência cognitiva. Os resultados do tratamento foram mistos. Os indicadores biológicos de estresse oxidativo não eram significativamente diferentes para qualquer dos grupos. Os pais de crianças no grupo com OH, contudo, relataram a percepção de melhorias nas áreas de motivação, fala e percepção cognitiva.[9] Infelizmente, é impossível descartar outras explicações potenciais para os resultados. Os pais não eram cegos para o grupo ao qual as crianças eram atribuídas. Em outras palavras, eles sabiam se o filho estava ou não recebendo OH. Uma vez que todas as medições de situações se baseavam em relatos dos pais, em vez de se darem por testes independentes e objetivos, o potencial para que as expectativas dos pais "colorissem" as percepções de eficácia era alto.

Outro estudo publicado por esta equipe em 2009 foi o primeiro "estudo duplo-cego controlado por placebo" da OH para TEA, amplamente citado como evidência em apoio ao uso de OH para o tratamento de TEA.[10] Os pesquisadores estudaram 62 crianças com TEA com idades variando de 2 a 7 anos. As crianças foram distribuídas aleatoriamente entre dois grupos: um deles recebeu pressão e maior oxigênio (o grupo com OH) e o outro recebeu apenas pressão levemente aumentada (o grupo de controle). As crianças do grupo de OH mostraram melhorias nos sintomas de TEA, como linguagem receptiva, interação social e contato visual. De um modo problemático, outros estudiosos foram incapazes de replicar os resultados deste estudo, e alguns argumentaram que o método de análise de dados era falho.

Outros estudos não conseguiram confirmar conclusões positivas anteriores sobre a eficácia da OH como tratamento para TEA. Em 2010, um estudo comparou a OH com placebo para 34 crianças com TEA com idades entre 2 e 14 anos.[11] Esse estudo não encontrou diferença entre os grupos de OH e de placebo para medições observacionais de situações comportamentais ou qualquer dos testes padronizados de funcionamento. Um estudo de 2011 utilizou um esquema de linha de base variada para estudar os efeitos da OH sobre os sintomas de TEA em 16 crianças.[12] Neste tipo de esquema, os pesquisadores tomam medições repetidas do comportamento para cada criança individualmente, permitindo assim o exame de alterações individuais no comportamento correspondentes às sessões de tratamento. As tendências no comportamento são então comparadas entre os momentos em que a criança está recebendo cada tratamento ou, como neste estudo, ao longo do tempo em que a criança recebia OH "oficial", em comparação com o tempo em que a criança recebeu o tratamento com oxigênio e pressão moderados. Os pesquisadores não descobriram um efeito consistente da OH em uma grande variedade de comportamentos relacionados a funcionamento social, habilidades verbais e comportamentos problemáticos.

Em resumo, uma série de estudos iniciais sugeriu resultados potencialmente promissores, mas o trabalho mais recente não confirmou tais conclusões. Tomadas como um todo, as pesquisas científicas não sugerem, atualmente, que a OH é eficaz para o alívio das situações de TEA.

QUAIS SÃO OS CUSTOS DA OXIGENOTERAPIA HIPERBÁRICA?

Os protocolos de intervenção de OH para o TEA envolvem no mínimo quarenta sessões de uma hora, a um custo típico de cem dólares por sessão. O uso de OH para o tratamento de TEA não tem cobertura por convênios de saúde. Alguns pais optam por alugar ou adquirir as suas próprias câmaras. O preço de uma câmara portátil varia de 6 mil a 16 mil dólares, sendo necessária a prescrição de um médico. A OH é vista como um procedimento seguro, mas há um pequeno risco de graves consequências à saúde, como danos aos órgãos ou convulsões. Qualquer equipamento médico que utilize oxigênio apresenta sério risco de incêndio. Instalações médicas são construídas de acordo com códigos e regidas por regulamentos rígidos para garantir a operação segura de tais equipamentos. O risco de incêndio deve ser um fator de forte preocupação para qualquer pessoa que utilize a OH fora de uma instalação médica oficial.

OXIGENOTERAPIA HIPERBÁRICA (OH)

Idades	→	todas as idades		
Apoio informal dos pais	→	não muito	misto	positivo
Evidências científicas	→	fracas	moderadas	fortes
Disponibilidade	→	limitada	moderada	ampla
Custo (tempo e dinheiro)	→	mínimo	moderado	alto

11

O MÉTODO MILLER

Mary Beth McCullough e
Elisabeth Hollister Sandberg

O QUE É O MÉTODO MILLER?

O método Miller é uma abordagem cognitiva-comportamental de tratamento com foco em quatro problemas principais, vistos com frequência em crianças com TEA: problemas de coordenação corporal, interações sociais, habilidades de comunicação e raciocínio simbólico. O método Miller salienta uma abordagem integrada de tratamento, na qual as crianças são orientadas através de exercícios voltados para várias áreas do funcionamento para transformar os comportamentos problemáticos em comportamentos funcionais. Essa é uma terapia orientada para a ação, incentivando as crianças a movimentarem o corpo inteiro e a fazerem contato físico direto com objetos e pessoas, enquanto estão envolvidas em atividades. Essa intervenção é praticada por profissionais credenciados no método Miller, e pode ser aplicada em numerosos ambientes, como por exemplo, em casa, na escola ou em clínicas.

COMO O MÉTODO MILLER SUPOSTAMENTE FUNCIONA COMO TRATAMENTO PARA O TEA?

Criado em 1965 pelo Dr. Arnold Miller e sua esposa, Eileen Eller-Miller, o método Miller é orientado por uma abordagem sistêmica cognitivo-

-comportamental, uma teoria baseada na experiência clínica de Miller, assim como em pesquisas de teóricos do desenvolvimento influentes e históricos, como Piaget. A principal premissa é de que as crianças desenvolvem habilidades pelo envolvimento contínuo e ativo com o ambiente. As crianças aprendem "esquemas", ou segmentos organizados de comportamentos, que se tornam mais complexos e controlados à medida que elas se desenvolvem. Por exemplo, quando as crianças veem um objeto pela primeira vez, como um carrinho de puxar, elas podem empurrar e puxar o carrinho de modo repetitivo, sem entender totalmente o que estão fazendo. Entretanto, à medida que o sistema para empurrar e puxar se desenvolve, elas começam a entender o que as palavras "empurrar" e "puxar" significam e podem controlar seus movimentos ao puxar e empurrar o carrinho de modo apropriado.

Como tratamento para o TEA, o método Miller presume que as crianças com TEA estão "fixadas" em estágios prévios do desenvolvimento cognitivo e, portanto, têm prejuízo no funcionamento.[1] O método Miller preconiza que crianças com TEA não desenvolveram plenamente os esquemas e, assim, podem se engajar em comportamentos repetitivos porque não ligam por completo suas ações com o mundo à sua volta, por exemplo, não relacionam as palavras "empurrar" e "puxar" com o movimento que executam no carrinho. Vale a pena salientar que esta teoria afirma que crianças com TEA têm a capacidade para se relacionar com o mundo à sua volta; elas apenas não desenvolveram ainda os sistemas para fazer isso. Os terapeutas do método Miller tentam determinar a finalidade por trás do comportamento desorganizado e, então, tentam transformá-lo em um comportamento funcional. Os esforços concentram-se em encontrar formas de incentivar habilidades sociais e comunicativas que substituam "modos fechados de ser", característicos de crianças com TEA.

O principal objetivo do método Miller é orientar a criança através do desenvolvimento de quatro sistemas essenciais de comportamento:

- Coordenação corporal: integrar capacidades sensórias e motoras para alcançar determinado objetivo.

- Interações sociais: melhorar comportamentos sociais, como revezamento, competição ou vinculação.

- Habilidades de comunicação: integrar palavras, ações e objetos em relacionamentos com outra pessoa.

- Raciocínio simbólico: organizar a relação entre símbolos e o que representam.

O tratamento recomendado começa com uma avaliação detalhada para determinar o nível dos esquemas existentes da criança. Os terapeutas do método Miller, então, introduzem atividades voltadas ao preenchimento de lacunas dos esquemas no nível de desenvolvimento da criança.

Uma ferramenta importante utilizada no tratamento com o método Miller é um equipamento chamado de "quadrado elevado". O quadrado elevado é uma plataforma de madeira com elevação de 76 cm, com escadas em ambos os lados para que a criança possa subir e descer. Enquanto está na plataforma elevada, a criança é incentivada a concluir atividades focadas na melhora das habilidades de interação social, comunicação e raciocínio simbólico. Os Millers começaram a usar a elevação ao observar que as crianças se tornavam mais conscientes dos seus corpos, produziam maior contato visual e se concentravam mais, tornando-se mais capazes de aprender enquanto estavam em estruturas elevadas.[2]

Narração e língua de sinais são outras técnicas fundamentais usadas no método Miller. O terapeuta narra e sinaliza o que a criança está fazendo, enquanto ela realiza a atividade, para facilitar a consciência da criança sobre a ligação entre palavras, ações e o mundo à sua volta. Outra estratégia do método Miller é apresentar às crianças a desorganização e a perturbação do ambiente, para que aprendam a lidar com transições e se tornem mais flexíveis. Os terapeutas podem interromper as crianças no meio de uma atividade ou colocar obstáculos ao longo do caminho no quadrado elevado, a fim de guiá-las para que aprendam a lidar com a mudança e a desordem com flexibilidade e eficácia. Para crianças sem TEA, os desafios aos seus esquemas fazem com que ajustem e adaptem de forma espontânea os seus esquemas. Contudo, crianças com TEA precisam de muita ajuda para fazerem esses ajustes.

O QUE HÁ NA INTERNET SOBRE O MÉTODO MILLER COMO TRATAMENTO PARA TEA

Embora tenha sido criado na década de 1960, o método Miller não é uma intervenção terapêutica de alta visibilidade para TEA. É difícil encontrar descrições básicas de fontes independentes sobre o tratamento. Poucas descrições ou avaliações resumidas estão disponíveis. A maioria dos sites da Web, livros e artigos contêm linguagem complexa sobre o tratamento e podem ser de difícil entendimento para o leigo. Os poucos sites da Web que chegam a oferecer informações básicas com frequência não explicam as razões por trás dos aspectos que definem o método Miller, particularmente o quadrado elevado. Vale a pena notar que, embora o método de Miller não cause "sensação" on-line, também não vemos uma oposição significativa a ele na Internet.

Uma fonte de informações que realmente fornece uma explicação detalhada e descritiva deste tratamento é o site oficial do método Miller.[3] Este site detalha os objetivos do tratamento, explica a abordagem sistêmica cognitivo-comportamental e fornece informações específicas sobre preços e opções de tratamento. Fotografias do quadrado elevado e de outras técnicas usadas no tratamento também estão disponíveis. O site contém testemunhos inspiradores dos pais, como o da mãe que diz: "Nunca serei grata o bastante a essas pessoas maravilhosas [os terapeutas do método Miller] que praticamente salvaram o meu filho de uma vida de simples sobrevivência a uma com significado e finalidade", até afirmações mais genéricas sobre a eficácia do tratamento que não podem ser apoiadas por estudos (veja a seguir).

O QUE OS CIENTISTAS DIZEM SOBRE O MÉTODO MILLER

Até o momento, apenas dois estudos publicados examinaram a eficácia do método Miller.[2,4] Os autores desses estudos concluíram que o método Miller melhora na criança a compreensão da linguagem e as habilidades de compreensão e competência pragmática, a capacidade de entender o que outro falante quer dizer. Um exame mais atento de ambos os estudos, porém, mostra que os ganhos das crianças podem ser influenciados por fatores alheios ao tratamento.

Em meados da década de 1970, os próprios Millers conduziram o primeiro estudo que examinou a eficácia do método Miller, com 19 pacientes não verbais cujas idades variavam dos 6 aos 20 anos e tinham diagnóstico de TEA de moderado a grave.[2] Cada paciente recebeu tratamento por uma hora por dia, cinco dias por semana, por aproximadamente 13 meses. Antes do tratamento, nenhum dos jovens no estudo usava palavras ou linguagem de sinais para se expressar; entretanto, após o tratamento, todos os 19 pacientes conseguiam responder a sinais associados com palavras faladas, e também a palavras faladas sem sinais. Os pacientes tinham mais dificuldade para adquirir a linguagem expressiva, com apenas 36% da amostra sendo capaz de usar palavras faladas após o tratamento.

Resultados semelhantes foram encontrados em um estudo de caso que acompanhou um menino de quase 3 anos "gravemente autista" enquanto recebia tratamento pelo método Miller.[4] O tratamento foi oferecido por duas horas e meia por dia, quatro dias por semana, durante cinco meses. Após cinco meses de intervenção, a criança mostrou pequenos ganhos na expressão e compreensão da linguagem, na interação social e brincadeiras, na capacidade para se vestir, se alimentar e na competência pragmática.

Assim, poderia parecer que o método Miller realmente beneficia as crianças com formas graves de TEA, particularmente nas áreas da compreensão e expressão da linguagem. Entretanto, os estudos têm limitações a considerar, quando avaliamos os resultados. Nenhum estudo mediu outros "sistemas" importantes de funcionamento que os Millers acreditam serem essenciais (por exemplo, coordenação corporal e interação social) antes e após o tratamento para conferir se ocorreram alterações. O primeiro estudo usou uma pequena amostra de crianças com TEA grave e o segundo estudo acompanhou o progresso de uma única criança, de modo que os resultados podem não se aplicar a uma população mais ampla com TEA. Nenhum dos estudos comparou o tratamento pelo método Miller com um tratamento de combinação ou grupo de controle, um grupo de crianças que não recebeu tratamento com o método Miller). Portanto, não sabemos se outros fatores, como a maior atenção por adultos ou desenvolvimento básico ao longo do tempo poderiam explicar os achados. Os pesquisadores estavam envolvidos no centro que promove e vende serviços do método Miller. Na ciência, isso é chamado de "conflito de interesse" (veja o Capítulo 2). Investigações independentes são essenciais para realmente estabelecer-se a validade dos resultados.

Até aqui, os achados positivos fornecem uma base para pesquisas futuras, mas não podemos declarar com confiança que o método Miller é um método eficaz para a melhora no funcionamento de crianças com TEA.

QUAIS SÃO OS CUSTOS DO MÉTODO MILLER?

Existem vários componentes diferentes no método Miller, cada um com um custo diferente. O levantamento diagnóstico do método Miller é uma avaliação que os pais ou cuidadores preenchem on-line sobre o comportamento da criança em relação ao aspecto corporal, à comunicação e às habilidades de raciocínio simbólico. As respostas são enviadas ao examinador no Centro para a Linguagem e Desenvolvimento do método Miller (LCDC), após isso um relatório com recomendações é enviado aos pais ou cuidadores. A taxa para a realização do levantamento é de cem dólares, com custos adicionais se os pais adquirem o equipamento do método Miller recomendado pelo examinador.

A Avaliação Ambiental de Miller (Miller Umwelt Assessment) é uma avaliação mais detalhada, conduzida apenas no LCDC em Massachusetts. Trata-se de uma avaliação de duas horas, durante as quais o examinador analisa o nível dos sistemas da criança. Após a avaliação, os pais recebem o vídeo da avaliação, assim como um relatório detalhado com as recomendações. A taxa para a Avaliação Ambiental de Miller é de mil dólares, além de despesas associadas com a ida ao centro de avaliação.

O programa de Treinamento para Pais e Filhos ocorre no LCDC em Massachusetts por aproximadamente 12 horas durante três dias. Ele começa com a Avaliação Ambiental de Miller e as recomendações fornecidas pela avaliação são testadas durante o segundo e o terceiro dia. Os examinadores ajudam a desenvolver um programa a ser aplicado em casa ou na escola para a criança, na conclusão do treinamento. A taxa para este pacote é de 3.750 dólares, além dos custos associados com a viagem até o centro.

Para aqueles que não podem ir até Massachusetts, há a possibilidade de consulta a distância por vídeo, telefone ou pela Internet. Um contrato típico de videoconferência custa dois mil dólares para duas sessões de uma hora por semana por um mês.

O MÉTODO MILLER				
Idades	→	mais eficaz para crianças pequenas		
Apoio informal dos pais	→	não muito	misto	positivo
Evidências científicas	→	fracas	moderadas	fortes
Disponibilidade	→	limitada	moderada	ampla
Custo (tempo e dinheiro)	→	mínimo	moderado	alto

12 MUSICOTERAPIA

Elisabeth Hollister Sandberg e
Katherine K. Bedard

O que é a musicoterapia?

A musicoterapia é conjunto de técnicas baseadas na música e empregadas no tratamento terapêutico para causar mudanças sociais, emocionais, cognitivas ou físicas positivas em um indivíduo. Diferentemente da instrução musical, cuja finalidade é treinar habilidades musicais, a musicoterapia não requer talento musical nem tem por objetivo o domínio da habilidade musical. Os musicoterapeutas geralmente são profissionais credenciados que concluíram programas de formação aprovados. A musicoterapia como profissão nos Estados Unidos data do começo do século XX, com a Associação Nacional para Musicoterapia, criada em 1950 como uma organização colaborativa de profissionais que utilizavam a musicoterapia para o tratamento de diferentes pacientes, incluindo aqueles com deficiências intelectuais e psiquiátricas.

COMO A MUSICOTERAPIA SUPOSTAMENTE FUNCIONA COMO TRATAMENTO PARA O TEA?

A musicoterapia baseia-se na convicção de que cada indivíduo, independentemente de uma deficiência cognitiva, física ou emocional, tem sensibilidade inata para a música, que pode ser usada para melhorar seu bem-estar. Para crianças com TEA, a musicoterapia volta-se para os déficits sociais e de comunicação associados com o transtorno. Colaborar com um "parceiro" com treinamento musical – revezar-se e compartilhar – incentiva a socialização e a comunicação por meio da linguagem verbal. Muitas crianças com TEA demonstram um interesse particular por música, o que torna fácil incluir a musicoterapia como parte de um sistema de intervenções.[1]

Os musicoterapeutas utilizam instrumentos e vozes para envolver crianças com TEA em cantos e atividades com movimentos estruturados para promover habilidades como ritmo, escuta, revezamento, combinação e compartilhamento. Os musicoterapeutas trabalham para criar um ambiente musical agradável e familiar, que forneça apoio positivo para a exploração e a expressão. A musicoterapia é considerada uma "terapia criativa", de modo que não existem "planos de lições" gerais específicos. Um dos marcos da musicoterapia é que ela é personalizada para as capacidades linguísticas, intelectuais, sociais, emocionais e musicais de cada pessoa.

A forma mais usada de musicoterapia, a musicoterapia improvisacional, baseia-se na produção musical espontânea. Os terapeutas utilizam instrumentos e suas próprias vozes para responderem criativamente aos sons produzidos no momento pela criança, e a incentivam a retribuir com sons em sua própria "linguagem" musical. Assim, o par terapêutico desenvolve a sua própria linguagem criativa envolvendo a música. Através dessas técnicas, a criança pode adquirir maior conforto e confiança com diferentes formas de expressão, ampliar a faixa das suas experiências emocionais e ganhar prática com a comunicação recíproca. Para pessoas com TEA, portanto, a musicoterapia improvisacional pode fornecer uma oportunidade única de envolvimento em um relacionamento comunicativo bilateral.[1]

Outra forma de musicoterapia, a musicoterapia interativa, utiliza brincadeiras interativas, em vez de improvisação musical.[2] Para crianças com TEA que não são particularmente verbais, a musicoterapia interativa é usada para apoiar padrões de brincadeiras pré-verbais.

Presumindo-se que os impulsos naturais por envolvimento estejam reduzidos ou ausentes em crianças com TEA, a musicoterapia interativa tenta gerar a sociabilidade através de atividades lúdicas musicais e então desenvolvê-las em uma forma mais sofisticada de comunicação. Ao longo do tempo, as crianças aprendem a prever as ações do parceiro com base na sincronicidade da música. Uma vez que a música reflete o humor, o momento e o significado da brincadeira interativa, as crianças desenvolvem habilidades de comunicação recíproca e atenção conjunta.

A musicoterapia supostamente tem benefícios particulares para pessoas com TEA, porque, em essência, nenhuma comunicação verbal é necessária. Além de melhorar as habilidades de comunicação compartilhada, como imitação, atenção conjunta e revezamento, supõe-se que a musicoterapia também aumenta a autoconsciência, ajudando a pessoa a diferenciar entre si mesma e o outro. Essa distinção apoia a comunicação, salientando a necessidade por interação social. O aspecto lúdico da musicoterapia pode aumentar a sociabilidade da criança, fornecendo a ela interações sociais positivas e de reforço. Finalmente, a musicoterapia também pode aumentar a tolerância de uma pessoa por sons ou ruídos – pessoas com TEA geralmente são hipersensíveis a estes.

O QUE HÁ NA INTERNET SOBRE A MUSICOTERAPIA COMO TRATAMENTO PARA TEA

Uma pesquisa na Internet por musicoterapia e TEA tem como resultado sites de informações básicas estabelecidos por associações e programas de musicoterapia que explicam as qualificações de musicoterapeutas credenciados, as teorias por trás da abordagem e exemplos do que ocorre durante sessões de musicoterapia.

Um musicoterapeuta improvisacional geralmente é formado em música e em alguma área da saúde mental. Um currículo típico envolve cursos de música, psicologia, educação especial e anatomia, com cursos e experiências de campo adicionais específicas à musicoterapia. Após a conclusão do curso, os estudantes devem concluir um estágio clínico em tempo integral com duração de seis meses e um exame de certificação escrito. Profissionais registrados e certificados por Conselhos de Musicoterapia devem manter créditos de educação continuada ou realizarem exames de reciclagem para se manterem atualizados na área. Diferentemente da musicoterapia improvisacional, a musicoterapia interativa é menos regulada como estratégia de tratamento. Uma vez que a musicoterapia interativa utiliza a música como "ferramenta" terapêutica em vez de um conjunto de técnicas terapêuticas específicas, não é exigida formação formal em musicoterapia.

Os musicoterapeutas trabalham em diversos ambientes, que incluem hospitais, postos de saúde mental, centros de fisioterapia, asilos, escolas públicas e particulares, programas para tratamento de dependentes químicos, instalações forenses, programas em casas de repouso e creches. Além disso, muitos musicoterapeutas estão iniciando a prática privada em musicoterapia. Os pais podem entrar em contato com a Associação de Musicoterapeutas Profissionais para encontrarem um musicoterapeuta próximo. Muitas escolas oferecem musicoterapia para crianças com TEA, como parte do currículo comum.

Há muito pouca controvérsia em relação à musicoterapia como tratamento para TEA. O tratamento é agradável, não é demorado, é relativamente barato e não tem efeitos colaterais negativos conhecidos. Uma das vantagens mais citadas da musicoterapia é que ela pode ser usada com pessoas pré-verbais e não verbais. Assim, a musicoterapia é endossada de modo muito positivo por pais e profissionais. Um estudo concluído em 1992 na Alemanha revelou que 56% dos psiquiatras infantis recomendavam a musicoterapia para o tratamento de TEA e 25,1% dos pediatras consideravam a musicoterapia útil para pessoas com TEA.[3] As afirmações acerca do impacto positivo sobre sintomas de TEA geralmente são modestas – não encontramos evidências testemunhais de "curas" ou "transformações". A musicoterapia geralmente é aceita como uma parte útil de um programa mais amplo de intervenção para TEA.

O QUE OS CIENTISTAS DIZEM SOBRE A MUSICOTERAPIA?

Historicamente, as pesquisas sobre musicoterapia se basearam em estudos de casos (veja o Capítulo 2 para uma discussão sobre as limitações desta abordagem). Desde 1990, apenas vinte estudos foram publicados usando metodologia específica para avaliar os efeitos da musicoterapia sobre os comportamentos de crianças com TEA. Esses vinte estudos utilizaram grupos muito pequenos de crianças – dez ou menos. Embora seja impossível generalizar os resultados obtidos com um grupo pequeno, podemos ver um padrão de evidências, entre muitos estudos com grupos pequenos, que apoia a eficácia da musicoterapia como intervenção útil para TEA.

Em 2004, um pesquisador conduziu uma meta-análise de nove estudos realizados desde meados da década de 1970.[4] Em uma meta-análise, os dados de muitos estudos são compilados e examinados e os resultados do "quadro geral" são extraídos. Todos os estudos envolveram crianças ou adolescentes com TEA e compararam a musicoterapia com condições não ligadas à música. Entre os nove estudos, a musicoterapia teve um alto efeito positivo, independentemente da idade dos indivíduos ou do tipo de música usado.

Um estudo mais recente, realizado em 2007, avaliou se um programa de musicoterapia melhoraria os perfis de comportamento de adultos jovens com TEA grave.[5] Oito adultos jovens participaram em um total de 52 sessões de musicoterapia em grupo, com duração de uma hora, uma vez por semana. Cada sessão consistia em cantar, tocar piano e bateria, e era conduzida por dois musicoterapeutas ativamente envolvidos com os participantes em suas execuções musicais. Um terapeuta externo, não envolvido no tratamento, classificou os sintomas psiquiátricos gerais de cada pessoa (irritabilidade, envolvimento social e adaptação) antes do início do tratamento, durante o tratamento e ao seu término. Os resultados mostraram melhoras significativas em comportamentos durante os seis primeiros meses do programa, mas não foram observadas alterações comportamentais substanciais nos seis meses seguintes ao estudo.

Em um estudo realizado em 2008, os pesquisadores compararam a atenção conjunta e a comunicação social de 10 crianças pequenas, de 3 a 5 anos, durante sessões de musicoterapia e sessões de brincadeiras com brinquedos.[6] As crianças participaram de 12 sessões semanais de 30 minutos de musicoterapia improvisacional e 12 sessões de 30 minutos de terapia lúdica. A análise das sessões gravadas em vídeo mostrou maior contato visual e revezamento durante sessões de musicoterapia do que durante as sessões de brincadeiras. Em um estudo separado, esses pesquisadores demonstraram que as crianças exibiam mais alegria, sincronia emocional (correspondência), envolvimento e respostas de obediência durante sessões de musicoterapia do que durante as sessões de brincadeiras. Tomados juntos, esses estudos indicam os efeitos positivos da musicoterapia durante o processo de tratamento.

Em 2009, o Projeto de Normas Nacionais do Centro Nacional de Autismo (EUA) classificou a musicoterapia como um "tratamento emergente" para TEA.[7] De acordo com o relatório, "Tratamentos emergentes são aqueles para os quais um ou mais estudos sugerem que a intervenção pode produzir resultados favoráveis". Embora isso seja promissor, eles declaram que estudos adicionais de alta qualidade, envolvendo metodologias rigorosas, protocolos consistentes de tratamento, medições objetivas do comportamento e avaliação de resultado no longo prazo, devem ser conduzidos, para haver confiança de que a musicoterapia é um tratamento realmente eficaz para TEA.

Em resumo, não existem evidências de que a musicoterapia prejudique ou produza quaisquer efeitos negativos. A maior parte das pesquisas mostra que as crianças com TEA se beneficiam de intervenções de musicoterapia e mostram melhora nos comportamentos sociais e comunicativos desejáveis durante as sessões de intervenção. Não sabemos, contudo, se essa melhora nos comportamentos desejáveis persiste fora da sessão de musicoterapia.

QUAIS SÃO OS CUSTOS DA MUSICOTERAPIA?

Algumas escolas e organizações de serviços sociais podem oferecer musicoterapia sem custo adicional como parte do plano de educação da criança ou por meio de atividades comunitárias. Em contextos particulares, o custo da musicoterapia depende de a terapia ocorrer em um grupo ou em um ambiente individual, bem como do nível de educação e treinamento do musicoterapeuta. As sessões de musicoterapia geralmente duram de 30 a 60 minutos por semana durante um período de meses a anos. A maioria das famílias paga as despesas de serviços de musicoterapia particular; planos de saúde raramente fornecem reembolso para esses serviços. As sessões de grupo custam em média 55 dólares por hora, com os custos divididos entre os participantes e as sessões individuais geralmente custam em torno de 60 dólares por hora. Os valores tendem a ser maiores, aproximadamente 90 a 100 dólares por hora, para terapeutas com grau acadêmico avançado.

MUSICOTERAPIA			
Idades →	todas as idades		
Apoio informal dos pais →	não muito	misto	positivo
Evidências científicas →	fracas	moderadas	fortes
Disponibilidade →	limitada	moderada	ampla
Custo (tempo e dinheiro) →	mínimo	moderado	alto

13

PROGRAMA DE CONSULTORIA DOMICILIAR DO PROJETO P.L.A.Y.

Kirstin Brown Birtwell e
Becky L. Spritz

O QUE É O PROGRAMA DE CONSULTORIA DOMICILIAR DO PROJETO P.L.A.Y.?

O programa de Consultoria Domiliciar do Projeto P.L.A.Y. (P.L.A.Y Project Home Consultation Program – PPHC) foi criado em 2001 pelo Dr. Richard Solomon, como um programa de intervenção precoce com base na comunidade, executado pelos pais, eficiente e com baixo custo, para crianças com TEA. O P.L.A.Y. – em inglês "Play and Language for Autistic Youngsters", ou Brincadeiras e Linguagem para Jovens Autistas – refere-se ao foco da intervenção sobre a construção de relacionamentos através de interações. O PPHC utiliza a teoria do desenvolvimento, individualizada e de diferença individual baseada no relacionamento DIR/Floortime (veja o Capítulo 7) para informar a sua abordagem de intervenção baseada em brincadeiras.[1] O PPHC foi criado para famílias com crianças com menos de 6 anos de idade com TEA. O programa é consistente com as recomendações do Conselho Nacional de Pesquisas (EUA) para a intervenção intensiva precoce, 25 horas por semana para terapia individual, mas a oferece a um custo inferior ao da intervenção de Floortime ou de outros programas comportamentais, como a Análise Comportamental Aplicada.

COMO O PROGRAMA DE CONSULTORIA DOMICILIAR DO PROJETO P.L.A.Y. SUPOSTAMENTE FUNCIONA COMO TRATAMENTO PARA TEA?

Os profissionais e os pesquisadores concordam que crianças com TEA se beneficiam significativamente de abordagens de intervenção intensiva e abrangente, nas quais os terapeutas se envolvem com apenas uma ou duas crianças, 25 horas ou mais por semana, por dois a quatro anos entre os 18 meses e os 6 anos de idade. Uma vez que o custo das intervenções intensivas precoces pode ser imensamente alto, variando de 23 a 60 mil dólares por ano, o PPHC foi criado para proporcionar um modo econômico de oferecer um programa de intervenção estruturada intensiva que aborde os déficits de linguagem, sociais e comportamentais de crianças com TEA.[2]

O PPHC é uma abordagem abrangente, intensiva e multidisciplinar ao tratamento de TEA. Usando a estrutura teórica do DIR/Floortime (veja o Capítulo 7), o PPHC é um programa de "formação de treinadores" que ensina os pais a implementarem de modo independente técnicas para a melhoria da reciprocidade social e a comunicação funcional pragmática de seus filhos com TEA. Consultores domiciliares ensinam os pais a interagir com os filhos de modo a promover o funcionamento social e a linguagem da criança, desenvolvendo ao mesmo tempo um vínculo mais forte entre pais e filhos.

O PPHC aborda as dificuldades das crianças com o pragmatismo social – as habilidades sutis necessárias para a comunicação eficaz em diferentes situações e com diferentes pessoas. O pragmatismo social exige que a criança possa monitorar e modificar a sua comunicação e interação com outros e envolve habilidades como a atenção conjunta e a adoção de perspectiva – áreas de déficits para crianças com TEA. A diferença importante entre o PPHC e o Floortime, porém, é que o PPHC vê os pais como os administradores principais da intervenção terapêutica. Ensinar aos pais as habilidades necessárias para apoiar o desenvolvimento das crianças gera mais oportunidades para o desenvolvimento de relacionamentos positivos e também é mais econômico que contratar terapeutas externos para um trabalho de 25 ou mais horas por semana com a criança.

O PPHC começa com um *workshop* de treinamento de um dia para os pais, durante o qual eles aprendem as técnicas e estratégias baseadas em brincadeiras que facilitam o desenvolvimento do pragmatismo social. O objetivo é que os pais possam implementar de forma independente e eficaz essas técnicas com os seus filhos. Os pais aprendem a fornecer sessões de Floortime (por exemplo, períodos de brincadeiras de 20 a 30 minutos) e a integrar atividades e estratégias em rotinas diárias de forma natural (como na hora das refeições ou de dormir). Após o *workshop* inicial de treinamento para os pais, o programa também inclui visitas domiciliares mensais que servem como sessões de acompanhamento do *workshop*. Esses *workshops* fornecem educação continuada e individualizada para os pais em seu papel de terapeutas principais. Neles, os consultores analisam os vídeos de sessões com os pais. Os pais também recebem um manual de treinamento para consulta futura ou a qualquer momento durante a execução do PPHC.

O QUE HÁ NA INTERNET SOBRE O PROGRAMA DE CONSULTORIA DOMICILIAR DO PROJETO P.L.A.Y. COMO TRATAMENTO PARA O TEA

Uma pesquisa geral na Internet por "P.L.A.Y. Project Home Consultation Program" apresenta centenas de resultados, formados por várias páginas do site oficial de PPHC, propagandas do método na mídia e diversos bancos de dados de pesquisas que contêm o primeiro e único estudo de PPHC já publicado, descrito em detalhes a seguir. Esses recursos com frequência discutem o aspecto de "eficácia de custo" deste programa, o que o tornou atraente para profissionais e famílias.

O site oficial do programa de PPHC (www.playproject.org) fornece informações detalhadas sobre a teoria por trás do programa, o que ele envolve, recursos de consultoria e treinamento domiciliar, datas de workshops e conferências, informações de contato, segmentos da mídia e artigos e testemunhos por pais. O site apresenta um argumento persuasivo em favor da abordagem, incluindo afirmações de que "fazer o que o seu filho adora gerará nele o prazer de estar com você". Os testemunhos dos pais neste site geralmente salientam as melhorias nas habilidades de comunicação e envolvimento social das crianças. Os pais também relatam melhoria na capacidade de interação, a sensação de que estão mais envolvidos em termos pessoais e são mais responsáveis pelo apoio ao desenvolvimento dos filhos.

Desde o começo dos anos 2000, o PPHC tem sido usado no sudeste de Michigan, onde foi criado, na clínica do Centro Ann Arbor para Pediatria Desenvolvimental e Comportamental. Recentemente, entretanto, o PPHC foi apresentado a um público mais amplo e é praticado, atualmente, em parte dos Estados Unidos, no Canadá, Inglaterra, Irlanda, Austrália e Suíça. O grupo de PPHC com sede em Michigan realiza conferências e *workshops* para pais continuamente (ver www.playproject.org/homeconsulting_inyourarea.php).

O QUE OS CIENTISTAS DIZEM SOBRE O PROGRAMA DE CONSULTORIA DOMICILIAR DO PROJETO P.L.A.Y.?

Embora o PPHC seja ensinado, disseminado e implementado no mundo inteiro, atualmente, as pesquisas em seu apoio são surpreendentemente escassas. Apenas um ensaio clínico foi concluído até o momento e publicado pelo Dr. Solomon que, como criador do programa, pode ser considerado como tendo o que os cientistas chamam de conflito de interesse (veja o Capítulo 2).[2] Este estudo acompanhou 68 crianças com TEA com idades entre 2 2 6 anos e seus pais. As crianças na amostra variavam consideravelmente, em termos de gravidade do TEA. As famílias foram avaliadas antes e após a conclusão do programa de PPHC com duração de 8 a 12 meses usando a Escala de Avaliação Emocional Funcional, uma medição que contém seis subtestes diretamente relacionados com a teoria do desenvolvimento de Stanley Greenspan (veja o Capítulo 7 sobre DIR/Floortime). Cerca de metade das crianças fez progresso "bom" ou "muito bom" no desenvolvimento funcional durante o período do estudo. Os pais relataram muita satisfação e permaneceram envolvidos no programa, apesar da demanda de tempo de pelo menos 15 horas por semana, a recomendação é de 25 horas ou mais por semana.

Embora os resultados sejam promissores, o estudo foi designado como "piloto" – isto é, um estudo que fornece evidências preliminares, mas que requer replicação, expansão e refino adicionais antes de asserções generalizadas sobre os achados. Vale a pena observar que o estudo piloto não incluiu um grupo de comparação de crianças com TEA que não participaram no programa de PPHC, o que torna impossível atribuir de forma definitiva as melhoras ao PPHC, em vez de à experiência com intervenções na escola, simples amadurecimento no desenvolvimento ou efeito de placebo. Um exame atento da amostra revela que as famílias participantes tinham muitos outros recursos. Os pais geralmente eram casados, tinham residência e profissão estáveis, etc. Uma vez que a PPHC, por sua própria natureza, é uma responsabilidade dos pais e é bastante intensiva, sua eficácia pode depender, em parte, dos recursos da família. Esta é uma questão empírica que exige investigações adicionais, mas é uma consideração realista para famílias que contemplam o PPHC.

O Projeto de Normas Nacionais do Centro Nacional de Autismo (EUA) classificou os tratamentos baseados no relacionamento (dos quais o DIR/Floortime faz parte) como "tratamentos emergentes" para TEA em 2009.[3] O PPHC, como um programa de treinamento como o Floortime, também foi incluído nesta categoria. O relatório cita dados promissores para esses tratamentos, mas não existem evidências suficientemente convincentes até o momento para que esses tratamentos sejam considerados "eficazes" para crianças com TEA. Além da necessidade por mais evidências sobre a eficácia do Floortime, ainda é preciso demonstrar que um programa de Floortime supervisionado do tipo "faça você mesmo" pode ser igualmente eficaz.

O programa de PPHC recebeu verbas substanciais do Instituto Nacional de Saúde Mental dos Estados Unidos em 2010 para a conclusão de um estudo clínico sobre o PPHC. O estudo comparará 60 crianças com TEA que participam do PPHC com 60 crianças com TEA que recebem intervenções-padrão na comunidade. O nível de desenvolvimento, habilidades de linguagem, habilidades sociais e perfis sensório-motores de cada criança serão medidos antes e após o período de intervenção de 12 meses. Para a administração do estudo, os pesquisadores do projeto P.L.A.Y. estão firmando parceria com o Easter Seals, um dos provedores de serviços comunitários mais importantes para pessoas com autismo. As conclusões deste estudo deverão fornecer respostas indispensáveis às questões envolvendo a validade científica desta intervenção para crianças pequenas com TEA.

QUAIS SÃO OS CUSTOS DO PROGRAMA DE CONSULTORIA DOMILICIAR DO PROJETO P.L.A.Y.?

Comparado com outros tratamentos que seguem as recomendações do Conselho Nacional de Pesquisas, nos Estados Unidos, para intervenções precoces intensivas, o PPHC apresenta um pacote de tratamento de baixo preço, que pode ser apropriado para uma ampla gama de famílias. O PPHC custa de 2.500 a 3.000 dólares por ano, dependendo do número de visitas domiciliares anuais solicitadas pela família. Este custo inclui o *workshop* para pais de um dia inteiro, manual de treinamento e três a quatro horas de visitas domiciliares ou sessões de consultoria mensais. Embora o programa P.L.A.Y. seja considerado como um programa de tratamento financeiramente econômico, os custos em termos de tempo podem torná-lo menos acessível para algumas famílias. Os pais precisam comparecer ao *workshop* de um dia inteiro, coordenar as visitas domiciliares mensais e também passar no mínimo 15 horas por semana, de preferência 25 horas ou mais por semana, implementando o programa com a criança em casa.

PROGRAMA DE CONSULTORIA DOMICILIAR DO PROJETO P.L.A.Y. (PPHC)				
Idades	→	mais eficaz com crianças pequenas		
Apoio informal dos pais	→	não muito	misto	positivo
Evidências científicas	→	fracas	moderadas	fortes
Disponibilidade	→	limitada	moderada	ampla
Custo (tempo e dinheiro)	→	mínimo	moderado	alto

14
INTERVENÇÃO PARA O DESENVOLVIMENTO DO RELACIONAMENTO

Mary Beth McCullough e
Elisabeth Hollister Sandberg

O QUE É A INTERVENÇÃO PARA O DESENVOLVIMENTO DO RELACIONAMENTO?

A Intervenção para o Desenvolvimento do Relacionamento (IDR) foi criada pelo Dr. Steven Gutstein na década de 1980 como um tratamento executado pelos pais para crianças e adolescentes com TEA. Ela é considerada uma abordagem cognitiva-desenvolvimental porque aborda alguns dos prejuízos centrais do desenvolvimento vistos em pessoas com TEA, ou seja, prejuízos nos relacionamentos sociais, funcionamento emocional, comunicação, memória emocional, pensamento flexível e processamento simultâneo de informações visuais e auditivas. O programa concentra-se em ensinar pessoas com TEA a avaliar e adaptar os seus comportamentos a outros de forma interativa, em vez de lhes ensinar habilidades separadas e isoladas. Os pais ou responsáveis são treinados para atuar como "orientadores" para a criança, vista como o "aprendiz". O objetivo é que o aprendiz aprenda a compartilhar uma conexão emocional com o seu orientador. O desenvolvimento de uma conexão emocional compartilhada supostamente leva a maior autoconsciência, a habilidades sociais e à capacidade de adaptação necessária para a interação com outras pessoas.

COMO A INTERVENÇÃO PARA O DESENVOLVIMENTO DO RELACIONAMENTO SUPOSTAMENTE FUNCIONA COMO TRATAMENTO PARA O TEA?

De acordo com o Dr. Gutstein, os prejuízos centrais vistos no TEA podem ser o resultado de prejuízos no funcionamento neurológico que interferem com o Relacionamento com Participação Orientada (RPO) na infância. O RPO refere-se a um relacionamento cooperativo entre pais e filhos, que leva ao desenvolvimento de inteligência dinâmica na criança. A inteligência dinâmica – a capacidade para pensar de forma flexível, adaptar-se a novas situações e assumir diferentes perspectivas – desenvolve-se em crianças típicas através de um processo cíclico de modificação gradual dos desafios apresentados pelos pais com base no comportamento da criança e na exploração segura dos novos desafios a partir da reação dos pais. Esse sistema de *feedback* emocional promove o crescimento neural e permite que a criança explore com segurança e proteção o mundo. Crianças com TEA podem ter vulnerabilidades neurológicas que impedem a apresentação de reações emocionais, que dizem aos pais quando apresentar uma nova habilidade ou experiência. Sem a oportunidade para experiências emocionais compartilhadas com os pais, as pessoas com TEA podem não desenvolver a inteligência dinâmica, um componente fundamental na formação de relacionamentos sociais e na adaptação flexível a diferentes ambientes. Consequentemente, essas crianças processam as informações de modo estático e rígido, levando a dificuldades com os relacionamentos sociais, necessidade por rotina e rituais e problemas com transições.

O foco principal da IDR está na reconstrução do RPO, ensinando-se métodos para que os pais promovam, gradual e deliberadamente, a inteligência dinâmica nos filhos. Ao ensinar as crianças para que atentem às reações dos pais, compartilhem emoções e usem a linguagem de compartilhamento de experiências, o RPO supostamente é restabelecido e a pessoa com TEA torna-se mais capaz de interagir em situações sociais. A IDR não especifica uma idade na qual esta intervenção deve ser iniciada ou quando é mais eficaz. Esta intervenção concentra-se em melhorar seis níveis planejados para atender às necessidades específicas da pessoa e centradas em melhorar essas áreas específicas do funcionamento.[1] Os seis níveis são:

- Referência emocional: aprender a avaliar uma situação, tendo como referência as expressões emocionais da outra pessoa.

- Coordenação social: participar em relacionamentos colaborativos pela observação, adaptação e regulagem do próprio comportamento.

- Linguagem declarativa: usar a linguagem, verbal ou não, para incentivar outros a interagir e compartilhar algum aspecto de sua experiência, o que é diferente da linguagem mais utilizada pelas pessoas com TEA, a linguagem imperativa, voltada à satisfação das próprias necessidades.

- Pensamento flexível: ser capaz de se adaptar rapidamente ao ambiente e mudar as estratégias cognitivas.

- Processamento de informações do relacionamento: resolver problemas com base no contexto mais amplo, quando não existam soluções certas ou erradas.

- Pensamento preditivo e retrospectivo: pensar sobre as experiências passadas de forma relevante para prever ou predizer potenciais eventos futuros.

Inicialmente, os pais são apresentados a um consultor local de IDR que avalia o nível do RPO entre pais e filho e o nível de desenvolvimento da criança, usando a Avaliação de Desenvolvimento do Relacionamento (ADR). Os consultores treinados em IDR são relacionados no site da Web para IDR (www.rdiconnect.com) e os pais podem escolher um consultor com base nos serviços oferecidos em sua área. De acordo com o site, os consultores certificados para a condução de IDRs localizam-se atualmente em 35 estados nos Estados Unidos e em muitos países no mundo inteiro.

Após a avaliação inicial, os responsáveis pela criança reúnem-se com o consultor semanalmente ou quinzenalmente para a definição de objetivos, planejamento dos programas e avaliação do progresso. Os consultores ensinam atividades que os pais realizam para ajudar no progresso das crianças através dos níveis e estágios do programa. Quando as crianças estão prontas, cada uma é colocada com outra criança com TEA, de modo que ambas possam aprender a formar e manter relacionamentos em diferentes grupos e contextos. Além de se reunirem com o consultor periodicamente, os pais são incentivados a comparecer a *workshops* para saberem mais sobre o programa e conhecerem outros pais que praticam a IDR. A cada seis meses, os pais e a criança são reavaliados usando a ADR. A criança é monitorada em termos do progresso nas seis áreas apresentadas acima e as intervenções são modificadas de acordo com a necessidade.

Os consultores de IDR são extensamente treinados durante um Programa de Treinamento para a Certificação de 18 meses. Além de participarem de seminários, palestras e outros compromissos, os consultores em formação são assistidos por consultores mais experientes que lhes oferecem treinamento, *feedback* e supervisão enquanto trabalham com as primeiras famílias. Uma vez que pessoas com um bom nível educacional e uma vasta experiência no programa podem registrar-se para a formação como consultor de IDR, você poderá analisar os programas de formação do consultor e, caso se sinta confortável com algum, poderá se comprometer com ele para a intervenção RPO.

O QUE HÁ NA INTERNET SOBRE A INTERVENÇÃO PARA O DESENVOLVIMENTO DO RELACIONAMENTO COMO TRATAMENTO PARA TEA

Embora a IDR seja um tratamento relativamente novo, há muitas informações, entusiasmo e exageros na mídia. O site oficial de IDR (www.rdiconnect.com) oferece informações detalhadas sobre a teoria por trás do programa, sobre seus objetivos, como encontrar um consultor e uma loja on-line. Este site não oferece informações práticas para os pais, como exemplos de atividades que esses possam implementar, o custo do programa ou a duração recomendada para este.

Existem numerosas afirmações informais sobre a eficácia da IDR on-line. O site oficial declara: "Nós descobrimos que o programa de IDR aumenta drasticamente a motivação das crianças para se comunicarem e utilizarem a linguagem recíproca". Muitos outros sites e blogs afirmam que a IDR é "a salvação" e "extremamente eficiente para todas as crianças autistas". Contudo, o número de pesquisas em apoio a tais declarações é bastante limitado.

O QUE OS CIENTISTAS DIZEM SOBRE A INTERVENÇÃO PARA O DESENVOLVIMENTO DO RELACIONAMENTO?

A IDR emergiu a partir das experiências dos profissionais com pais de crianças com TEA e de uma análise sobre as pesquisas nas áreas de neurologia e psicologia do desenvolvimento. Essas pesquisas inferem que uma disfunção no sistema neural leva as crianças com TEA a não se envolverem nesses sistemas precoces de *feedback* com os pais.[2,3] Até o momento, nenhum estudo documentou um elo causal entre o prejuízo no sistema de *feedback* precoce entre pais e filhos e dificuldades nas áreas de desenvolvimento cognitivo na infância.

Apenas um estudo foi publicado sobre a eficácia da IDR. O Dr. Gutstein (criador da intervenção) e seus colegas examinaram a eficácia da IDR para 16 crianças diagnosticadas com TEA de alto funcionamento.[4] As crianças variavam de 18 meses a 8 anos de idade e tinham Q.I. na faixa de 70 a 118. Os pesquisadores afirmaram que após três anos no programa, as crianças mostraram aumentos significativos em comunicação recíproca e interação social, compartilhamento de experiências e comportamento flexível e ajustado, conforme medidos pela ADR. Além disso, os resultados mostraram mudança na categoria de diagnóstico, conforme medição pela Escala de Observação Diagnóstica para o Autismo (ADOS) e Entrevista Diagnóstica de Autismo – Revisada (ADI--R). Antes do tratamento, dez crianças receberam a classificação de "autismo" e duas receberam a classificação de "espectro do autismo". Após o tratamento, seis crianças receberam a classificação de "espectro do autismo", dez crianças receberam a classificação de "não autistas" e nenhuma foi colocada na categoria de "autismo". Observe que antes do tratamento, os autores conseguiram testar apenas 12 das 16 crianças usando a escala ADOS; contudo, após o tratamento, eles conseguiram testar todas as 16 crianças. Isso indica que programas de IDR de longa duração podem ser um método eficaz para o aumento do funcionamento sócio-emocional em uma amostra de crianças com TEA e alto funcionamento.[4] As conclusões são encorajadoras e fornecem uma base a partir da qual a construção de estudos futuros é possível. Entretanto, devido ao conflito de interesse dos pesquisadores e à falta de grupos de controle e de comparação, as conclusões deste único estudo são preliminares, na melhor das hipóteses. O Projeto de Normas Nacionais do Centro Nacional de Autismo (EUA) coloca a IDR junto com outros tratamentos desenvolvimentais baseados no relacionamento e classifica esta categoria como "tratamentos emergentes" para TEA.[5]

QUAIS SÃO OS CUSTOS DA INTERVENÇÃO PARA O DESENVOLVIMENTO DO RELACIONAMENTO?

Os custos financeiros da IDR variam, dependendo do consultor; os consultores definem os seus honorários para os componentes envolvidos em um tratamento padrão de IDR. Um consultor anunciou o programa básico ao custo de aproximadamente 5 mil dólares por ano. Isso, porém, não inclui os custos adicionais dos *workshops* para pais, "fortemente recomendados". O treinamento no *workshop* varia de 250 a 300 dólares, para um seminário de dois dias, a 2 mil dólares para um seminário de quatro dias, além das despesas com viagens. Em geral, os custos financeiros do tratamento com IDR podem chegar a aproximadamente 7 mil dólares no primeiro ano. Uma vez que as famílias com frequência permanecem no programa de IDR por três anos ou mais, o menor custo estimado para este tratamento seria de aproximadamente 21 mil dólares. Os convênios de saúde raramente cobrem esse tratamento.

O investimento de tempo também é alto. Além da avaliação inicial e dos workshops, pais e crianças geralmente passam cerca de três horas por dia nas atividades. Os pais também se reúnem com o consultor duas vezes por mês, para a verem vídeos da criança e para discutirem objetivos e estratégias.

INTERVENÇÃO PARA O DESENVOLVIMENTO DO RELACIONAMENTO (IDR)			
Idades	→	Todas as idades	
Apoio informal dos pais	→	não muito	misto	positivo
Evidências científicas	→	fracas	moderadas	fortes
Disponibilidade	→	limitada	moderada	ampla
Custo (tempo e dinheiro)	→	mínimo	moderado	alto

15

TERAPIA DE INTEGRAÇÃO SENSORIAL (TIS)

Elisabeth Hollister Sandberg e
Susan E. Michelson

O QUE É A TERAPIA DE INTEGRAÇÃO SENSORIAL (TIS)?

A Terapia de Integração Sensorial (TIS) é um tratamento para TEA e diversos outros problemas que se baseia na suposição de que o cérebro da criança tem dificuldade para processar informações provenientes dos sistemas sensoriais. Os sistemas tátil (toque), vestibular (equilíbrio) e proprioceptivo (coordenação e consciência física) parecem ser os mais afetados. A terapia TIS estimula e desafia os sentidos da criança de um modo controlado. Ao longo do tempo, isso supostamente melhora a capacidade do cérebro para processar as informações sensoriais, o que, por sua vez, reduz os comportamentos problemáticos que resultam da sobrecarga sensorial. A TIS é mais usada como terapia para crianças pequenas, e tem por objetivo tratar diversos desafios do desenvolvimento, não apenas TEA.

COMO A TERAPIA DE INTERAÇÃO SENSORIAL SUPOSTAMENTE FUNCIONA COMO TRATAMENTO PARA TEA?

A TIS é uma terapia ocupacional que aborda problemas com a regulagem do processamento sensorial, estimulando e desafiando os sentidos de forma gradual e regulada. Por meio dela, as crianças se tornam mais capazes de lidar com informações sensoriais e de regular estimulação, atenção, emoção e comportamentos correspondentes. Anna Jean Ayres, terapeuta ocupacional, criou a lógica para a terapia de integração sensorial no começo dos anos 1970.[1] De acordo com sua teoria, o corpo processa e integra naturalmente as informações que recebe de todos os sentidos usando áreas do cérebro responsáveis pela atenção, estimulação e emoção. Quando o corpo recebe informações sensoriais que não consegue processar, o resultado é semelhante a um "congestionamento de trânsito", que produz respostas emocionais e comportamentais desajustadas.

Crianças com dificuldades no processamento de informações sensoriais podem apresentar resposta insuficiente ou exagerada às informações provenientes de um ou mais sentidos – visão, audição, paladar ou olfato. Por exemplo, uma criança pode sentir-se sufocada em um ambiente visualmente "cheio" ou pode repudiar fortemente luzes piscantes; ou pode ser especialmente sensível a ruídos altos ou inesperados, como sirenes ou alarmes. As reações ao processamento inadequado das sensações podem resultar em comportamentos de evitação ou fuga (fechar os olhos, tapar os ouvidos com as mãos) ou a comportamentos excessivos de busca de sensações (toques rudes, fala alta). De acordo com a teoria, o processamento sensorial disfuncional também pode manifestar-se como distração, falta de destreza física, impulsividade, problemas com transições, incapacidade para acalmar-se, fraco autoconceito ou atrasos na fala, linguagem, habilidades motoras ou conquistas acadêmicas. Presume-se, no uso da terapia TIS para o TEA, que alguns dos sintomas mais comuns do TEA podem ser aliviados abordando-se os problemas na regulagem do processamento sensorial.

A terapia TIS salienta quatro princípios básicos:[2]

- Desafio na medida certa: A TIS estimula a capacidade da criança para realizar com sucesso os desafios sensoriais através de atividades lúdicas.

- Resposta ajustada: a TIS promove a adaptação aos desafios, usando estratégias novas e eficazes.

- Envolvimento ativo: As atividades TIS são planejadas especificamente para serem divertidas e envolventes.

- Dirigida pela criança: A TIS facilita a aceitação da criança, por meio de atividades voltadas aos interesses dela.

Durante uma sessão típica de TIS, as atividades apresentadas têm por objetivo estimular os sistemas sensoriais visados e promover o desenvolvimento de respostas ajustadas. Por exemplo, perturbações no sistema tátil, relacionadas às experiências sensoriais envolvendo dor, temperatura e pressão, podem produzir sinais de retraimento ao toque, como recusa em usar certos tecidos, insatisfação ao lavar os cabelos ou o rosto, evitar sujar as mãos, ou podem resultar em esforços para a busca de estímulo adicional, tocar os outros ou manusear objetos repetidamente. Para abordar essas questões, um plano de tratamento TIS pode focar em atividades táteis envolvendo uma variedade de sensações e texturas, como brincadeiras na água, escovar a pele, manipular massinha e brincar com areia. Essas atividades fornecem oportunidades para que as crianças experimentem esses estímulos de modo positivo e assistido. O objetivo é que a criança aprenda formas mais ajustadas de responder aos estímulos e de generalizar essas respostas para outras situações e ambientes.

Ocasionalmente, considera-se que crianças que têm problemas com a regulagem do processamento sensorial têm "disfunção da integração sensorial". Essa designação não é um diagnóstico oficial reconhecido pela Associação Psiquiátrica Americana ou pela Organização Mundial de Saúde, devido ao fato de que os sintomas para a disfunção da integração sensorial são compartilhados com diversos outros transtornos, incluindo TEA, transtorno do déficit de atenção e hiperatividade (TDAH), depressão, ansiedade e deficiências de aprendizagem. A abordagem do tratamento, contudo, é a mesma, independentemente do diagnóstico da criança.

O QUE HÁ NA INTERNET SOBRE A TERAPIA DE INTEGRAÇÃO SENSORIAL COMO TRATAMENTO PARA TEA?

A TIS é uma forma muito popular de terapia para crianças pequenas com TEA. Os sites da Internet dedicados à TIS geralmente explicam a natureza dos problemas de integração sensorial, quais são os sintomas comuns e o conjunto de problemas de atenção, emoção e comportamento que podem ser afetados.

A abordagem individualizada de tratamento da TIS é atraente para os pais de crianças com sensibilidades sensoriais. A maioria dos sites de TEA mais conhecidos inclui informações sobre a disfunção sensorial e como a terapia TIS pode reduzir os problemas emocionais e comportamentais das crianças. Testemunhos sugerem que o uso da TIS para a redução dos problemas sensoriais de crianças aumenta a sua resposta social, atenção e uso da linguagem. A TIS é, supostamente, "transformadora" para algumas crianças com TEA. Existem muitos relatos de crianças que não conseguiam tolerar ser banhadas, não usavam calçados ou que engasgavam por causa da textura de certos alimentos, e superaram essas dificuldades com a TIS. São poucos os sites que consideram as evidências científicas em apoio à TIS, e as evidências atuais cientificamente validadas para o uso da TIS para TEA são ainda mais escassas.

Outros recursos on-line sobre a TIS incluem questionários e listas de verificação que ajudam os pais a determinar se uma criança tem um "transtorno de processamento sensorial". Muitos desses incluem links para empresas que fabricam brinquedos e equipamentos para crianças com dificuldades de integração sensorial, tais como brinquedos elásticos, pranchas ou rampas pediátricas com rodinhas e balanços. Esses recursos são anunciados, com frequência, como "mais apropriados" para crianças com problemas de integração sensorial que brinquedos comuns, embora tais afirmações não sejam explicadas ou apoiadas por estudos. Testemunhos de pais também são frequentemente incluídos nesse tipo de publicidade. Como discutido a seguir, esses equipamentos podem ser bastante caros, e a maioria dos sites na Internet não fornece informações sobre a forma de utilização dos artigos para o efeito terapêutico desejado. Também existem muitos sites que oferecem dicas sobre a criação de atividades sensoriais com baixo ou nenhum custo, utilizando artigos domésticos e materiais comuns para artesanato.

O QUE OS CIENTISTAS DIZEM SOBRE A TERAPIA DE INTEGRAÇÃO SENSORIAL

Apesar de a TIS ser amplamente incorporada às intervenções precoces para TEA, as evidências científicas em apoio à TIS como um tratamento eficaz são muito escassas. Isso se deve, em parte, ao fato de a TIS ter surgido na área da terapia ocupacional, um campo relativamente novo com forte foco no serviço, e não em pesquisa. Além disso, uma vez que a TIS geralmente ocorre durante um longo período de tempo (meses a anos) durante os primeiros anos de rápido crescimento e desenvolvimento, é muito difícil estabelecer, em termos científicos, se as alterações nos sintomas de TEA são realmente resultado da TIS ou do amadurecimento.

As pesquisas sobre a eficácia da TIS para o tratamento de TEA têm produzido resultados mistos. Um artigo de revisão publicado em 2000 identificou apenas quatro estudos de desfechos da TIS e descobriu que os estudos continham um número pequeno demais de participantes ou eram mal elaborados e não permitiam conclusões firmes envolvendo a eficácia da terapia.[3] Uma revisão de 2005 dos dados científicos disponíveis sobre a TIS afirma que aproximadamente metade dos estudos de técnicas dessa terapia encontra apoio para o tratamento, enquanto a metade restante não demonstra melhorias em comparação com outras abordagens de tratamento.[2] Estudos de pesquisas que comparam a TIS com outros tratamentos em ambientes cuidadosamente controlados são raros.

Mais recentemente, em 2011, pesquisadores compararam a eficácia da TIS com um tratamento motor fino para uma amostra de 37 crianças dos 6 aos 12 anos de idade com TEA.[4] Esses estudiosos utilizaram testes antes e após o tratamento para medirem as habilidades motoras, processamento sensorial e fatores sociais. Foram definidos objetivos terapêuticos para cada criança. A conclusão foi que, após receberem diversas sessões de tratamento por semana durante um período de seis semanas, o grupo com TIS havia feito mais progresso para a conquista dos objetivos terapêuticos e mostrava redução nos maneirismos de TEA, mas a melhora nas habilidades sociais não variava entre os grupos.

Um novo estudo lançado em 2010 na Vanderbilt University compara a TIS com a técnica de aquisição da linguagem em um grupo de quarenta crianças com TEA. Esse estudo é ímpar, no sentido de que os pesquisadores examinaram não apenas alterações no comportamento e desempenho social, mas também mudanças nas ondas cerebrais, o que permitirá o exame direto para conferir se a TIS altera os processos sensoriais no cérebro e se isso ocorre com maior eficácia do que outras abordagens comuns de tratamento. Esse estudo está em curso no momento da publicação deste livro.

O Projeto de Normas Nacionais do Centro Nacional de Autismo dos Estados Unidos classificou a TIS, em 2009, como um "tratamento subestabelecido", significando que existem poucas ou nenhuma evidência em apoio à sua eficácia.[5] A American Academy of Pediatrics declara que "A terapia ocupacional que utiliza técnicas de integração sensorial para abordar problemas de processamento sensorial é habitualmente usada em crianças com TEA".[6] Embora muitos acreditem que a terapia ocupacional é eficaz, de forma subjetiva, em contextos educacionais e clínicos, dados de pesquisas em apoio à sua eficácia são escassos.

QUAIS SÃO OS CUSTOS DA TERAPIA DE INTEGRAÇÃO SENSORIAL?

A TIS pode ser implementada em um tratamento individual ou em grupo. As sessões em grupo custam de 30 a 100 dólares por hora, com sessões individuais geralmente custando algo em torno de 100 dólares por hora.[7] Uma vez que a TIS é um tipo de terapia ocupacional, ela muitas vezes tem cobertura de planos de saúde, quando prescrita ou solicitada por um médico. As escolas podem oferecer serviços de terapia ocupacional para crianças qualificadas sem custo, embora a disponibilidade de tais serviços tenda a variar com base na área geográfica e recursos educacionais do local.

A duração do tratamento é individualizada, de acordo com a necessidade. Tipicamente, as crianças precisam de pelo menos alguns meses de TIS, em geral duas ou três vezes por semana antes de serem observadas melhoras. O reforço contínuo das atividades sensoriais é um elemento essencial do tratamento, de modo que os pais devem se dispor e serem capazes de aprender, praticar e aplicar as atividades sensoriais em casa.

Os pais têm a opção de adquirir o equipamento utilizado por terapeutas ocupacionais licenciados, tais como itens para suspensão, estimulação vestibular e exercícios com peso e resistência. Este equipamento pode ser bastante caro e a maioria dos sites não fornece informações sobre o seu uso para os efeitos terapêuticos desejados. É fundamental consultar um terapeuta ocupacional licenciado antes de utilizar os equipamentos em casa.

TERAPIA DE INTEGRAÇÃO SENSORIAL (TIS)			
Idades	➡	mais eficaz para crianças pequenas	
Apoio informal dos pais	➡	não muito	misto	positivo
Evidências científicas	➡	fracas	moderadas	fortes
Disponibilidade	➡	limitada	moderada	ampla
Custo (tempo e dinheiro)	➡	mínimo	moderado	alto

16

O PROGRAMA SON-RISE

Joseph C. Viola e
Elisabeth Hollister Sandberg

O QUE É O PROGRAMA SON-RISE?

O Programa Son-Rise é um tratamento abrangente e um programa de educação para famílias de crianças com TEA. Ele é afiliado exclusivamente ao Autism Treatment Center of America.[1] Fundado em 1974 por Barry e Samahria Kaufman, o Programa Son-Rise treina os pais para que se juntem aos filhos nos comportamentos de TEA, em vez de tentarem modificá-los ou cessá-los. A aceitação do comportamento da criança, não a tentativa de modificá-lo, promove um ambiente de segurança, no qual é possível construir conexões e afinidades. O Programa Son-Rise ocorre exclusivamente na residência, entre os responsáveis e a criança.[2,3]

COMO O PROGRAMA SON-RISE SUPOSTAMENTE FUNCIONA COMO TRATAMENTO PARA TEA?

O Programa Son-Rise foi criado com base na experiência de sucesso da família Kaufman na criação do filho, Raun, considerado severamente autista nos primeiros anos da infância. Embora Raun não fosse verbal e não demonstrasse conexão, a família Kaufman rejeitou as intervenções comportamentais populares para TEA nos anos 70 em favor de uma abordagem mais voltada para o relacionamento, baseada na aceitação, em vez de na desaprovação de certos comportamentos. Após os seus esforços intensivos, Raun tornou-se um adulto inteligente, articulado e bem-sucedido.

No centro do Programa Son-Rise está a segurança e a confiança permanentes – os comportamentos não são julgados e considerados bons ou ruins, e não há insistência por certos comportamentos. O Programa Son-Rise é orientado por princípios enraizados em uma atitude de aceitação, não desaprovação, e seu objetivo é, antes de qualquer de tudo e em primeiro lugar, ajudar crianças com TEA a aprender a manter os relacionamentos em suas vidas. O Programa Son-Rise sustenta que o TEA é um distúrbio do relacionamento e que se relacionar plenamente com crianças de formas consistentes com os seus comportamentos naturais é a melhor maneira de facilitar o desenvolvimento. Os programas comportamentais prescritivos, como Análise Comportamental Aplicada, são vistos como uma forma de rotular a criança como "má", mesmo que seja implicitamente, o que prejudica a sintonia entre pais e filhos e limita a probabilidade de a criança com TEA desejar manter um relacionamento com os pais ou responsáveis. Acredita-se que isso inibe, em vez de promover, o desenvolvimento social.

Os pais exercem a função mais essencial no programa. O Programa Son-Rise desafia os pais a adotarem uma abordagem holística e baseada no relacionamento para apoiarem o filho com TEA. Os pais devem ir além do simples aprendizado de estratégias de correção comportamental e desenvolver e adotar uma atitude de aceitação sobre as dificuldades de relacionamento da criança. Da mesma forma que um pai de primeira viagem se envolve para promover o desenvolvimento do bebê, entendendo que precisa ir até o berço, utilizar linguagem infantil e fazer caretas para criar uma interação, além de descobrir maneiras de se relacionar utilizando os sistemas de comunicação da própria criança, o Programa Son-Rise pede que os pais encontrem formas similares de se conectar, vincular e entender o filho com TEA.

O programa educa e treina os pais em termos de três técnicas importantes: criação de um espaço livre de distrações, uso do comportamento para o desenvolvimento de vínculo e aumento/manutenção do contato visual.

Criação de um ambiente livre de distrações

Segundo o Programa Son-Rise, para que o desenvolvimento ocorra é necessário criar um ambiente ideal para a aprendizagem. A ênfase é estabelecer um ambiente doméstico no qual se reduz as distrações ambientais que competem pela atenção da criança, maximizando assim a capacidade da criança para desfrutar do relacionamento com os pais. O programa presume que a maioria das crianças com TEA sofre de sobrecarga sensorial. Os pais devem criar um espaço em casa que permita à criança focar a atenção exclusivamente neles. A criação de um ambiente ideal para interações entre pais e filhos supostamente melhora as experiências em relacionamentos sociais da criança e aumenta o seu desejo e capacidade para relacionar-se com os outros. O Programa Son--Rise oferece sugestões práticas para a otimização do ambiente, como, por exemplo, cores neutras nas paredes, iluminação natural ou incandescente, piso livre de qualquer obstáculo, etc. Uma vez estabelecido, este espaço especial será o local onde a criança passará a maior parte do seu tempo; os outros virão ao espaço para interagir com a criança.

Uso do comportamento para desenvolvimento do vínculo ("juntar-se" à criança)

Comparado com outros tratamentos para TEA que tentam cessar os comportamentos indesejáveis das crianças, substituindo-os por comportamentos sociais mais apropriados. O Son-Rise vê o comportamento da criança mais como uma porta através da qual os pais podem iniciar um relacionamento com o filho. Os pais são incentivados a ver o comportamento infantil como parte da criança como um todo. "Juntar-se" à criança em seus comportamentos está no centro do Programa Son-Rise. Esse ato começa com um período de observação, durante o qual os pais simplesmente observam o comportamento do filho. Após um período de observação, os pais então entram no espaço da criança – sentando--se a meio metro ou um metro de distância – e imita exatamente o que a criança está fazendo. Os pais são incentivados a se unir naquilo que a criança esteja fazendo e a sincronizar suas ações para acompanharem o ritmo e a cadência dos componentes tanto verbais quanto não verbais dos comportamentos da criança. Feita com sinceridade, a técnica de se unir à criança supostamente oferece um modo de se conectar com a criança utilizando a sua própria linguagem. Ela transmite à criança que os pais se preocupam e desejam estar próximos, oferecendo respeito e aceitação por seu comportamento.

Aumentar/manter o contato visual

Um terceiro elemento do Programa Son-Rise é um dos mais fundamentais na interação social: o contato visual. As conexões bem-sucedidas com outros transmitem calor humano e aceitação pelo contato visual, expressões faciais, tom de voz e outras sutilezas não verbais da comunicação. Em última análise, o Programa Son-Rise tenta tornar o contato visual uma forma básica de expressar o desejo de se conectar com outra pessoa. O objetivo é desenvolver o contato visual genuíno em cada encontro com a criança. As habilidades para fazer o contato visual relevante são modeladas pelos pais em suas interações com os filhos. Os pais são treinados para posicionarem-se de modo a facilitar serem vistos pela criança, como, por exemplo, na frente desta, no nível dos seus olhos, a meio metro ou um pouco mais de distância, colocando um objeto desejado diretamente na frente dos seus olhos. Os pais também recebem treinamento para celebrarem sempre que a criança buscar a conexão pelo contato visual, dando "viva", lançando os braços ao ar, dançando, para melhorar ainda mais este aspecto da conexão social.

O QUE HÁ NA INTERNET SOBRE O PROGRAMA SON-RISE COMO TRATAMENTO PARA TEA?

A maioria das pesquisas fornece *links* diretos para os materiais oficiais do Programa Son-Rise, assim como às suas instalações de tratamento estreitamente relacionadas, chamadas de Option Program. Sites promocionais na Web oferecem declarações ousadas de sucesso, juntamente com muitos testemunhos entusiasmados dos pais. Os apoiadores dizem que, através do Programa Son-Rise, crianças com TEA podem se tornar carinhosas, comunicativas, não agressivas, solidárias e socialmente conectadas.

Uma busca mais extensa revelará sites focados nas controvérsias. Os céticos do Programa Son-Rise mencionam a natureza doutrinária dos apoiadores do programa. Eles apresentam argumentos sobre a impossibilidade prática de criar um ambiente terapêutico ideal e, ao mesmo tempo, viver no mundo real. Alguns questionam se a "recuperação" da criança (Raun), sobre a qual todo o programa se baseia, foi de fato uma recuperação do autismo severo ou mesmo moderado. Esses críticos sugerem que Raun pode ter sido um pré-escolar com atraso de fala que, na melhor das hipóteses, cairia no extremo de alto funcionamento do espectro do autismo. Isso levanta especulações sobre o progresso "miraculoso" do menino.

O QUE OS CIENTISTAS DIZEM SOBRE O PROGRAMA SON-RISE?

O Programa Son-Rise distanciou-se das intervenções mais comportamentais para o tratamento de TEA. O foco exclusivo nos elementos do relacionamento do tratamento para TEA apresenta um desafio para aqueles que tentam medir a eficácia do programa. O Programa Son-Rise aceita todos os comportamentos do TEA, desejáveis ou não, e pede que os pais se juntem aos comportamentos do filho, aceitando-os como parte do modo natural de ser deste. Virtualmente todos os outros tratamentos para TEA veem o comportamento como um elemento específico a ser alterado, e a eficácia dessas intervenções é medida pela observação de mudanças nos comportamentos específicos. A unidade de análise preferencial no Programa Son-Rise é a criança como um todo, como o conjunto de pensamentos, sentimentos e comportamentos, algo para o qual não há uma ferramenta de medição. Consequentemente, ainda não existem estudos na comunidade científica indicando que o Programa Son-Rise seja eficaz.

A ausência de apoio científico envolvendo o Programa Son-Rise não nos surpreende dadas as formas como os fundadores do programa lutaram contra a maré de tratamentos para TEA nos anos 70. O Programa Son-Rise foi criado, sob vários aspectos, para representar o oposto dos programas de modificação comportamental que visavam a comportamentos mensuráveis. Em 2006, o Centro de Tratamento do Autismo dos Estados Unidos começou uma iniciativa de pesquisa de longa duração com duas universidades para investigar cientificamente a eficácia do Programa Son-Rise. Os resultados ainda não estão disponíveis.

Embora o Programa Son-Rise tenha se tornado um programa de treinamento popular para pais de crianças com TEA, ele ainda não foi aceito pela comunidade científica. O Projeto de Normas Nacionais do Centro Nacional de Autismo (EUA) não incluiu o Programa Son-Rise em sua análise de 2009, porque não existem evidências sobre as quais seja possível examinar a sua eficácia.[4]

QUAIS SÃO OS CUSTOS DO PROGRAMA SON-RISE?

Existem diferentes opções de tratamento dentro do programa Son-Rise, cada um deles incluindo atividades, colaborações sociais, serviços de apoio (livros e filmes) e apoio individual avançado. O único custo obrigatório é o de um programa de treinamento em grupo de cinco dias para pais, envolvendo grupos de apoio por pares, informação sobre o TEA e sessões lideradas por especialistas em Son-Rise. O custo é de aproximadamente 2.200 dólares por pai para o exercício de cinco dias. Existem livros e DVDs de instrução complementares disponíveis para compra.

O investimento em tempo integral necessário para o Programa Son-Rise é considerável. Relatos informais de crianças com recuperações impressionantes geralmente se referem à terapia individual de 40 a 70 horas semanais por dois a três anos antes dos 6 anos de idade. Tal esforço provavelmente não é compatível com o emprego dos pais, e os cuidados devem ser assumidos pelos irmãos. Os pais são incentivados a recrutar parentes e amigos como voluntários para auxiliar no esforço. Existem opções de programas com tempo reduzido (10 a 30 horas por semana) e para mudanças no "estilo de vida" (30 minutos por dia) para famílias que não podem se comprometer com o programa em tempo integral. Essas opções permitem que as famílias experimentem algumas das técnicas Son-Rise antes (ou em vez de) se comprometer com o programa em tempo integral. Presume-se que os testemunhos de progresso são mais moderados para esses programas.

PROGRAMA SON-RISE				
Idades	➡	Todas as idades		
Apoio informal dos pais	➡	não muito	misto	positivo
Evidências científicas	➡	fracas	moderadas	fortes
Disponibilidade	➡	limitada	moderada	ampla
Custo (tempo e dinheiro)	➡	mínimo	moderado	alto

17

TEACCH
(TRATAMENTO E EDUCAÇÃO DE CRIAN-ÇAS AUTISTAS E COM DEFICIÊNCIAS RE-LACIONADAS À COMUNICAÇÃO)

Mary Beth McCullough e
Elisabeth Hollister Sandberg

O QUE É O TEACCH?

Desenvolvido em 1971 pela Universidade da Carolina do Norte, o TE-ACCH (Tratamento e Educação de Crianças Autistas e com Deficiências Relacionadas à Comunicação) é um programa de intervenção com foco na modificação dos ambientes, materiais e métodos de apresentação de modo que reflitam os estilos de aprendizagem específicos das crianças com TEA. O TEACCH é único, no sentido de fornecer serviços a indivíduos de todas as idades e níveis de habilidades com TEA, e pode ser aplicado em numerosos ambientes. Partindo das habilidades, necessidades e interesses atuais de uma pessoa com TEA, o objetivo é promover "significado e independência" através do apoio "flexível e individualizado" a pessoas com TEA e suas famílias.[1] As estratégias de ensino incluem oferecer instruções com o uso mínimo de linguagem, oferecer lembretes claros e oportunos e dar reforço externo. Uma característica definidora do TEACCH é a criação de um ambiente de aprendizagem altamente estruturado, no qual possa ocorrer a intervenção intensiva.

COMO O TEACCH SUPOSTAMENTE FUNCIONA COMO TRATAMENTO PARA TEA?

As atividades do TEACCH estão centradas no ensino dentro de uma moldura de "cultura do autismo" – aceitando, em vez de rejeitar, os padrões distintos de pensamento e comunicação vistos em pessoas com TEA, para auxiliá-las a entender melhor o seu ambiente. Os indivíduos com TEA processam bem as informações visuais e têm grande discernimento de detalhes, mas têm dificuldades em áreas como linguagem receptiva e expressiva, para organizar detalhes em um todo coerente, lidar com alterações no ambiente e com a memória sequencial. Com esses pontos fortes e desafios em mente, o TEACCH utiliza uma técnica de intervenção chamada de Ensino Estruturado para melhor atender às necessidades de aprendizagem no TEA. O Ensino Estruturado não apenas leva em consideração o estilo de aprendizagem no TEA, mas também se concentra nos pontos fortes e desafios específicos da pessoa. Planos individualizados, centrados na pessoa e na família, são desenvolvidos para cada cliente, para que haja um foco em suas necessidades de aprendizagem e objetivos únicos.[2]

Os quatro elementos principais do Ensino Estruturado são a estrutura física, a programação, sistemas de trabalho e organização de tarefas:

- **Estrutura física** refere-se a claros limites físicos no ambiente da pessoa que indiquem áreas ou zonas distintas (trabalho, brincadeiras, música, lanches). A configuração física do ambiente é estruturada para minimizar distrações visuais e auditivas, como, por exemplo, o uso de luz natural, cores neutras na sala de aula. Sugestões visuais auxiliam na organização, esclarecimento e entendimento do ambiente e do que é esperado em certas atividades. Por exemplo, o uso de recipientes coloridos pode ajudar a pessoa a selecionar materiais coloridos em diferentes grupos.

- **Programação** refere-se a fornecer ao indivíduo um cronograma ou agenda que indique claramente as atividades diárias, semanais e mensais através de palavras ou imagens. Para crianças muito pequenas, isso pode assumir a forma de uma fileira de imagens ordenadas que representem as atividades. A programação concreta ajuda as pessoas com dificuldades com a memória sequencial e organização a entender o que deveriam fazer em determinado horário, assim como a sequência de eventos. Isso pode permitir transições mais tranquilas de uma para outra atividade, e minimiza a ansiedade sobre os eventos que estão por vir.

- **Sistemas de trabalho** indicam as tarefas que essas pessoas devem realizar, quanto há para fazer e como saberão quando a tarefa estiver concluída. O objetivo é organizar o sistema de trabalho de forma a permitir que a pessoa trabalhe independentemente nas tarefas. Por exemplo, tarefas de trabalho para habilidades específicas são exibidas fisicamente em cestos, com o trabalho a ser concluído à esquerda do estudante. A tarefa exata e a quantidade de trabalho são definidas claramente nos cestos. O estudante conclui as tarefas independentemente e coloca o trabalho terminado em um cesto à sua direita. Após a conclusão da tarefa, o estudante pode consultar a sua programação para determinar a próxima atividade.

- **Organização da tarefa** oferece uma representação de cada tarefa no sistema de trabalho, incluindo instruções visuais passo a passo sobre como concluir a tarefa e como esta se parecerá, ao ser concluída.

Todos esses elementos descritos há pouco incentivam os indivíduos a desenvolver uma rotina que envolve conferir a programação e seguir o sistema de trabalho a cada dia. Essas são habilidades críticas, que apoiam a autonomia em diferentes contextos ao longo da vida da pessoa.[2]

O QUE HÁ NA INTERNET SOBRE O TEACCH COMO TRATAMENTO PARA O TEA

O TEACCH é um tópico popular e acessível na Internet. O site oficial, "Division TEACCH", da Escola de Medicina da Universidade da Carolina do Norte (www.teacch.com) fornece uma apresentação bastante completa e detalhada da técnica. Ela é elaborada principalmente para pais que tentam encontrar serviços para os seus filhos no estado da Carolina do Norte, nos Estados Unidos. Numerosos outros sites fornecem informações sobre programas fora da Carolina do Norte. Há ampla aceitação de pais e professores sobre a necessidade por estrutura consistente no trabalho com crianças com TEA. Embora sites oficiais do programa expliquem em termos gerais como o TEACCH fornece essa estrutura, é difícil encontrar detalhes sobre sistemas de trabalho ou tarefas específicas que alguém possa implementar sem adquirir o equipamento do TEACCH através do site oficial.

Os críticos manifestam a preocupação de que o TEACCH seja um sistema rígido de administração do comportamento, apropriado para uso apenas em salas de aula exclusivamente para a educação especial.[3] Alguns argumentam que os programas TEACCH têm baixas expectativas, como ser capaz de seguir uma programação e concluir tarefas muito básicas e funcionar apenas com pessoas com TEA de baixo funcionamento que precisam deste tipo de treinamento e não conseguem se envolver com seus ambientes de modo mais sofisticado e complicado. Alguns afirmam que o TEACCH é prático apenas para crianças pequenas, para as quais não há a expectativa de trabalho ou funcionamento em muitos contextos diferentes a cada dia. Eles argumentam que o TE-

ACCH não é útil para crianças com funcionamento de nível mais alto, que se integram em salas de aula regulares, em virtude da "cápsula" de estrutura exigida.

O QUE OS CIENTISTAS DIZEM SOBRE O TEACCH?

Os vários componentes do perfil de TEA sobre os quais o TEACCH foi desenvolvido têm forte apoio científico. Em outras palavras, as habilidades fundamentais que o TEACCH aborda foram claramente estabelecidas como áreas de dificuldade para pessoas com TEA.[4] Especificamente, as pesquisas demonstraram que indivíduos com TEA têm:

- relativa capacidade e preferência para o processamento de informações visuais, em comparação com dificuldades com o processamento auditivo, particularmente da linguagem;

- maior atenção para detalhes, mas dificuldade com o sequenciamento, integração, conexão ou extração de significado;

- enorme variabilidade na atenção. As pessoas podem se mostrar muito distraídas em alguns momentos e, em outros, intensamente concentradas, com dificuldade para mudar a atenção de forma eficiente;

- problemas de comunicação, que variam de acordo com o nível de desenvolvimento, mas sempre incluem prejuízos no início e uso social da linguagem (pragmatismo);

- dificuldade com conceitos de tempo, incluindo mover-se pelas atividades com demasiada rapidez ou com excessiva lentidão e ter problemas para reconhecer o começo ou fim de uma atividade, o tempo que esta durará ou quando estará terminada;

- tendência para apegar-se a rotinas e os contextos em que são estabelecidas, de modo que as atividades podem ser difíceis de transferir ou generalizar, a partir da situação de aprendizagem original, e perturbações nas rotinas podem ser desconfortáveis, causar confusão ou descontentamento;

- interesses e impulsos muito intensos para envolver-se em atividades favoritas e dificuldade para desligar-se, uma vez envolvidos;

- acentuadas preferências e aversões sensoriais.[4]

Pesquisas examinando a eficácia do TEACCH como uma intervenção para TEA estão em curso desde meados dos anos 1970. Em 2010, pesquisadores conduziram uma análise de nove estudos publicados para examinar o impacto do TEACCH em uma ampla gama de habilidades, níveis de funcionamento e idades (dos 2 aos 50 anos de idade).[4] Embora os primeiros estudos não atendessem aos padrões atualmente aceitos para o rigor científico, as evidências convergentes sugerem que o TEACCH pode ser eficaz na melhora das habilidades de comunicação não verbal e na conclusão independente de tarefas.[5] Evidências adicionais sugerem que o TEACCH também pode reduzir padrões restritivos, repetitivos e estereotipados de comportamento em pessoas, ao longo do tempo.[6] Esses resultados foram observados no curto e no longo prazo e entre diferentes contextos (em casa, em salas de aula inclusivas e de educação especial e no local de trabalho). Existem discrepâncias envolvendo o impacto do TEACCH nas áreas de comunicação funcional e habilidades de interação social. Embora alguns estudos mostrem aumentos notáveis nessas áreas, outros não mostram ganhos.[7]

Tenha em mente que todos os estudos sobre a eficácia do TEACCH tiveram limitações no desenho e metodologia do estudo que afetam potencialmente a validade e capacidade de generalização dos resultados. Em primeiro lugar, as estratégias de TEACCH estão evoluindo desde o início dos anos 1970. Não podemos esperar que dados de estudos mais antigos sejam confiavelmente consistentes com dados mais recentes, porque as intervenções não são as mesmas. Os tamanhos de amostra de estudo muitas vezes eram pequenos (variando de 1 a 34 participantes) e apenas cerca de metade dos estudos comparou a abordagem TEACCH com outro método. Em segundo lugar, os estudos não eram cegos; os avaliadores dos desfechos sabiam quais indivíduos haviam participado no TEACCH e quais não haviam participado. Em terceiro lugar, a objetividade de alguns dos pesquisadores pode ter sido comprometida, em virtude do seu envolvimento no desenvolvimento ou implementação do programa TEACCH, o que representa um conflito de interesse. Finalmente, um problema crítico nas pesquisas sobre o TEACCH é a filosofia do programa TEACCH em si mesma. Uma vez que o TEACCH se baseia em individualizar tratamentos para crianças e adultos, diferentes técnicas são aplicadas a cada pessoa, o que torna difícil realizar estudos e fazer generalizações.

Em termos gerais, as evidências científicas sugerem que o TEACCH pode ser um método eficaz para indivíduos de 2 a 50 anos de idade com TEA para a melhora de comportamentos específicos, tais como o uso de comunicação não verbal, reciprocidade social e independência funcional, além de reduzir os comportamentos repetitivos. Devido a evidências conflitantes, contudo, o efeito do TEACCH sobre as habilidades de comunicação e de interação social ainda não estão claros, e estudos rigorosos comparando o TEACCH com outras intervenções ainda são necessários.

O Projeto de Normas Nacionais do Centro Nacional de Autismo (EUA) inclui o TEACCH sob "Ensino Estruturado" – classificado como um "tratamento emergente" para TEA.[8]

QUAIS SÃO OS CUSTOS DO TEACCH?

Os compromissos financeiros e de tempo para programas TEACCH são altamente dependentes dos serviços e do programa usados. Existem atualmente nove Centros regionais de TEACCH na Carolina do Norte; esses programas baseados na escola são gratuitos para residentes qualificados daquele estado. Os programas baseados na escola na Carolina do Norte frequentemente implementam métodos TEACCH sete horas por dia, cinco dias por semana. Em outros locais nos Estados Unidos, terapeutas e pais que passaram por treinamento utilizam os métodos TEACCH em conjunto com outros tratamentos. Os pais podem aprender a implementar estratégias básicas de TEACCH em casa, comparecendo a *workshops* de TEACCH, oferecidos principalmente na Carolina do Norte ao custo de 130 a 200 dólares por um *workshop* de um dia. Os pais podem adquirir livros e DVDs no site do TEACCH, com preços que variam de 12 a 95 dólares. O compromisso de tempo necessário para montar um programa doméstico do TEACCH (confeccionar programações visuais, reorganizar a estrutura física de determinados cômodos, estabelecer sistemas de trabalho e cronogramas de tarefas) pode ser significativo. A implementação do programa, após a sua configuração, geralmente demanda várias horas por dia.

TEACCH (TRATAMENTO E EDUCAÇÃO DE CRIANÇAS AUTISTAS E COM DEFICIÊNCIAS RELACIONADAS À COMUNICAÇÃO)			
Idades →	todas as idades		
Apoio informal dos pais →	não muito	misto	positivo
Evidências científicas →	fraca	moderada	forte
Disponibilidade →	limitada	moderada	ampla
Custo (tempo e dinheiro) →	mínimo	moderado	alto

18
UMA PALAVRA SOBRE MEDICAMENTOS

Elisabeth Hollister Sandberg e
Becky L. Spritz

Por "medicamentos", nos referimos aos agentes psicofarmacológicos prescritos especificamente para o manejo dos sintomas de TEA. Não utilizamos o termo para suplementos nutricionais, abordados no Capítulo 8, ou para medicamentos comuns vendidos sem prescrição médica que qualquer pessoa pode optar por tomar para tratar uma dor de cabeça ou tosse.

Não incluímos medicamentos como um capítulo sobre tratamento neste livro por duas razões principais: em primeiro lugar, e mais importante, usar medicamento não é uma decisão que caiba unicamente aos pais; e, segundo lugar, não existe um fármaco que trate diretamente as causas subjacentes do TEA. Em vez disso, os medicamentos são usados para abordar sintomas problemáticos do distúrbio. Regimes medicamentosos estão profundamente mesclados com os distúrbios comórbidos do TEA (depressão, ansiedade, TDAH). A tomada de decisão sobre medicamentos pode tornar-se extremamente complicada, com muita rapidez, e os dados de resultados científicos não podem ser facilmente extraídos. Assim, acreditamos que as discussões sobre os riscos e benefícios potenciais dos medicamentos devem ficar com os pais e os profissionais que os prescrevem, com os quais deve ser estabelecido um relacionamento de confiança.

Se, como pai ou mãe, você se sente incomodado com as recomendações de um médico para medicar o seu filho, é seu direito solicitar uma segunda opinião. Diferente do uso de medicamentos para lidar com uma condição médica bem entendida (como diabetes ou hipertensão), medicar crianças para sintomas comportamentais do TEA não é tão simples. Esta é uma arte e uma ciência. E, diferente de problemas como diabetes, com TEA não há a obrigação de medicar. Às vezes, as decisões sobre medicamentos são claras, como em casos de grave comportamento autoagressivo, por exemplo. Com maior frequência, porém, as decisões têm a ver com dúvidas sobre a qualidade de vida com resultados incertos. As famílias e os médicos confiam nos medicamentos para o controle de sintomas e comportamentos que não podem ser manejados por intervenções comportamentais ou que interferem na capacidade da criança para participar de outras intervenções terapêuticas. O uso de medicamentos é razoavelmente comum em crianças mais velhas e adolescentes com TEA, e em alguns casos os médicos recomendam medicamentos para crianças bastante jovens, por exemplo, com três anos.

Uma vez que os medicamentos são uma presença importante – e geralmente benéfica – na vida de muitas famílias que lidam com TEA, nós compilamos uma lista de medicamentos prescritos com frequência para crianças com TEA, para que você possa pelo menos saber quais são eles e como são tipicamente utilizados. A FDA aprovou apenas dois fármacos especificamente para uso em pessoas com TEA: risperidona e aripiprazol. Esses dois fármacos, que apresentam ações muito semelhantes, abordam padrões de sintomas específicos encontrados em algumas, mas não em todas as crianças com TEA. Oficialmente os dois medicamentos são aprovados, contudo, muitos outros fármacos são utilizados para atenuar o perfil sintomático do TEA e os outros transtornos que ocorrem com ele. A maioria desses medicamentos se ajusta em uma de quatro categorias básicas:

- Estimulantes: são usados para melhorar a atenção e reduzir a impulsividade e hiperatividade em crianças com TDAH, assim como muitos outros transtornos que têm o comportamento impulsivo e/ou hiperativo como sintoma.

- Antidepressivos/ansiolíticos: são usados para o tratamento de depressão, agressividade, birras, irritabilidade, comportamentos repetitivos e ansiedade. Observe que a maioria dos fármacos oficialmente rotulados como antidepressivos também é eficaz para o tratamento de ansiedade.

- Antipsicóticos: são usados para reduzir os comportamentos repetitivos e autoagressivos, retraimento e agressividade. Embora sejam chamados de antipsicóticos, esses medicamentos quase nunca são usados sozinhos para o tratamento de psicose real em crianças com TEA.

- Estabilizadores do humor: são usados para regular mudanças intensas de humor.

Não se prenda aos nomes das categorias – "estimulantes" não necessariamente estimulam e "antipsicótico" pode parecer um tratamento extremo e inadequado para uma criança com TEA. Os nomes de categorias vêm de outras disciplinas, nas quais os fármacos foram caracterizados inicialmente, e ainda ajudam médicos e outros provedores de cuidados a organizar os fármacos, quando pensam em terapia medicamentosa.

Embora existam apenas dois medicamentos aprovados pela FDA para o tratamento específico de sintomas do TEA, existem muitos outros que podem ser úteis. A regulamentação dos fármacos nos Estados Unidos requer que um medicamento demonstre eficácia para o tratamento de um problema específico, em outras palavras, que tenha uma indicação específica. O processo de aprovação é caro, de modo que os fabricantes geralmente escolhem uma indicação principal e obtêm aprovação para o tratamento daquele problema de saúde. Entretanto, a maioria dos medicamentos pode tratar muitos problemas de saúde. Para levar isso em consideração, as licenças dos médicos especificam que eles podem prescrever *"off label"* (sem rótulo), isto é, para indicações, grupo etário, dosagem ou forma de administração não aprovados, usando os seus conhecimentos profissionais sobre a forma como determinado medicamento poderia beneficiar determinada criança. Aqui, o termo *"off label"* significa que o médico prescreve um fármaco para um problema de saúde não abordado pelo pedido de aprovação do fabricante, mas um problema para o qual a comunidade médica sabe ou acredita que o medicamento pode ser útil. Aqui, ressaltamos dois pontos: em primeiro lugar, a maioria dos medicamentos nos Estados Unidos faz prescrição *off label* e, em segundo lugar, o tratamento medicamentoso do TEA está mudando rapidamente, à medida que os médicos e pesquisadores trabalham para descobrir os melhores modos de usar os medicamentos para manejar sintomas e melhorar o tratamento.

Medicamentos vendidos sob prescrição para crianças com TEA quase sempre são administrados por um especialista (psiquiatra) e não por um pediatra geral. Os pais jamais devem "experimentar" um medicamento que não tenha sido prescrito especificamente para o seu filho. Os médicos geralmente trabalham com os pais para encontrar uma combinação de medicamentos que funcione melhor para os sintomas que precisam ser controlados em determinada criança. As crianças com TEA estão em constante crescimento e desenvolvimento – tanto em termos físicos, porque crescem e precisam de mais medicamento para o mesmo efeito, e seus corpos metabolizam os fármacos de modo diferente, enquanto se desenvolvem, quanto em termos psicológicos. Diferentes sintomas se tornam mais ou menos salientes ao longo do tempo. Portanto, os pais devem esperar constantes alterações nos medicamentos. Isso não é ruim. Ao contrário – a mudança nas necessidades de medicamentos da criança ao longo do tempo indica desenvolvimento dinâmico. Há variação tanto na necessidade específica da criança por uma medicação quanto em termos do que está disponível em determinado momento.

Nós organizamos a lista abaixo pelo nome genérico, para facilitar pesquisas futuras sobre determinado medicamento e seus efeitos. A lista não é exaustiva, mas deve cobrir a maior parte dos medicamentos geralmente prescritos para TEA.

Aripiprazol	Antipsicótico
Anfetamina	Estimulante
Clomipramina	Antidepressivo
Buspirona	Ansiolítico
Citalopram	Antidepressivo
Citrato de lítio	Estabilizador do humor
Clozapina	Antipsicótico
Metilfenidato (longa ação)	Estimulante
Duloxetina	Antidepressivo
Ácido valproico	Estabilizador do humor
Dextroanfetamina	Estimulante
Dextroanfetamina	Estimulante
Venlafaxina	Antidepressivo
Amitriptilina	Antidepressivo
Carbonato de lítio	Estabilizador do humor
Dexmetrilfenidato	Estimulante
Guanfacina	Não estimulante com efeitos semelhantes a estimulante
Haloperidol	Antipsicótico
Escitalopram	Antidepressivo
Carbonato de lítio	Estabilizador do humor

Fluvoxamina	Antidepressivo
Tioridazina	Antipsicótico
Metilfenidato (liberação prolongada)	Estimulante
Pimozide	Antipsicótico
Paroxetina	Antidepressivo
Fluoxetina	Antidepressivo
Risperina	Antipsicótico
Metilfenidato	Estimulante
Quetiapina	Antipsicótico
Nefazodone	Antidepressivo
doxepina	Antidepressivo
Atomoxetina	Não estimulante com efeitos semelhantes a estimulante
Arbamazepina	Estabilizador do humor
Guanfacina	Não estimulante com efeitos semelhantes a estimulante
Imipramina	Antidepressivo
Lisdexanfetamina	Estimulante
Bupropiona	Antidepressivo
Sertralina	Antidepressivo
Olanzapina	Antipsicótico

REFERÊNCIAS

3. ANÁLISE COMPORTAMENTAL APLICADA

1. Landau, E. (2009). Choice autism treatment offers benefits, has limits. *CNN Health*, 31 de março. http://articles.cnn.com/2009-03-31/health/autism.applied.behavior. analysis_1 _autism-therapies-elevator-new-trial?_s=PM:HEALTH. Acessado em 10 de junho de 2012.
2. Behavior Analyst Certification Board. (n.d.). *Behavior Analyst Certification Board (BACB).* Acessado em 24 de abril de 2012, de www.bacb.com.
3. Association for Behavior Analysis International. (n.d.). *Association for Behavior Analysis International (ABAI).* Acessado em 24 de abril de 2012, de www.abainter-national.org/index.asp
4. Lovaas, O. I. (1987). Behavioral treatment and normal educational and intellectual functioning in young autistic children. *Journal of Consulting and Clinical Psychology, 55*(1), 3-9.
5. Reichow, B. (2012). Overview of meta-analyses on early intensive behavioral intervention for young children with autism spectrum disorders. *Journal of Autism and Developmental Disorders, 42*(4), 512-520.
6. United States Surgeon General. (1998). *Mental Health: A Report of the Surgeon General.* Washington, DC: US Surgeon General.
7. American Academy of Pediatrics. (2001). The pediatrician's role in the diagnosis and management of autism spectrum disorders in children. *Pediatrics, 107*(5), 1221-1226.
8. National Autism Center. (2009). The National Standards Project: Addressing the Need for Evidence Based Practice Guidelines for Autism Spectrum Disorders. Randolph, MA: National Autism Center.

4. QUELAÇÃO

1. University of Maryland Medical Center. (2011). *Ethylenediaminetetraacetic Acid.* www.umm.edu/altmed/articles/ethylenediaminetetraacetic-acid-000302.htm. Acessado em 10 de junho de 2012.
2. Ip, P.; Wong, V.; Ho, M.; Lee, J. e Wong, W. (2004). Mercury exposure in children with autistic spectrum disorder: Case-control study. *Journal of Child Neurology, 19*, 431-434.

3. Williams, P. G.; Hersch, J. H.; Allard, A. e Sears, L. L. (2008). A controlled study of mercury levels in hair samples of children with autism as compared to their typically developing siblings. *Research in Autism Spectrum Disorders*, 2(1), 170-175.
4. Institute of Medicine, Immunization Safety Review Committee. (2004). Immunization *Safety Review: Vaccines and Autism*. Washington, DC: National Academies Press.
5. Parker, S. K. (2004). Thimerosal-containing vaccines and autistic spectrum disorder: A critical review of published original data. *Pediatrics*, *114*(3), 793-804.
6. Doja, A. e Roberts, W. (2006). Immunizations and autism: A review of the literature. *Canadian Journal of Neurological Sciences*, 33, 341-346.
7. Gerber, J. e Offit, P. (2009). Vaccines and autism: A tale of shifting hypotheses. *Clinical Infectious Diseases, 48*(4), 456-461.
8. Adams, J. B.; Baral, M.; Geis, E.; Mitchell, J. et al. (2009). Safety and efficacy of oral DMSA therapy for children with autism spectrum disorders: Part B – Behavioral results. *BMC Clinical Pharmacology*, 9(1), 17.
9. Atwood, K.; Woeckner, E.; Baratz, R. e Sampson, W. (2008). Why the NIH Trial to Assess Chelation Therapy (TACT) should be abandoned. *Medscape Journal of Medicine*, *10*(5), 115.

5. TERAPIA CRANIOSSACRAL

1. Upledger Institute International (n.d.) *Discover CranioSacral Therapy*. http://upledger.com/content,asp?id=26. Acessado em 10 de junho de 2012.
2. Green, C.; Martin, C.; Bassett, K. e Kazanjian, A. (1999). A systematic review of craniosacral therapy: Biological plausibility, assessment reliability and clinical effectiveness. *Complementary Therapies in Medicine*, 7(4), 201-207.
3. Association for Science in Autism Treatment (ASAT). (n.d.). *Craniosacral Therapy*. www.asatonline.org/treatment/treatments/craniosacral.htm. Acessado em 10 de junho de 2012.
4. Autism-World. (n.d.). *How CranioSacral Therapy (CST) Works for Autism*. www.autism-world.com/index.php/2009/-4/21/how-craniosacral-therapycst-works-for-autism. Acessado em 10 de junho de 2012.
5. Harman, S. e Norton, J. (2002). Interexaminer reliability and cranial osteopathy. *Scientific Review of Alternative Medicine*, 6, 23-34.
6. National Autism Center. (2009). *The National Standards Project: Addressing the Need for Evidence Based Practice Guidelines for Autism Spectrum Disorders*. Randolph, MA: National Autism Center.

6. TERAPIA DA VIDA DIÁRIA

1. Quill, K.; Gurry, S. e Larkin, A. (1989). Daily Life Therapy: A Japanese model for educating children with autism. *Journal of Autism and Developmental Disorders, 19*(4), 625-635.
2. Musashino Higashi Gakuen School. (n.d.). *Musashino Higashi Gakuen School.* www.musashino-higashi.org/english.htm. Acessado em 10 de junho de 2012.
3. Boston Higashi School (BHS). (n.d.). Daily Life Therapy° Randolph, MA: Boston Higashi School. www.bostonhigashi.org/about.php?id=8. Acessado em 10 de abril de 2012.
4. Rugeley Horizon School. (n.d.). *Rugeley Horizon Overview.* www.priorygroup. com/Locations/West-Midlands/Rugeley-Horizon.aspx. Acessado em 10 de abril de 2012.
5. Larkin, A.S. e Gurry, S. (1998). Brief report: Progress reported in three children with autism using daily life therapy. *Journal of Autism and Developmental Disorders, 28*(4), 339-342.
6. www.mass.gov/anf/budget-taxes-and-procurement/oversight-agencies/osd/special-education-pricing.html.

7. MODELO DE DES BASEADO NO RELACIONAMENTO E NA DIFREENÇA INDIVIDUAL/FLOORTIME

1. Greenspan, S. I. e Wieder, S. (2006). *Engaging Autism: Using the Floortime Approach to Help Children Relate, Communicate, And Think.* Cambridge, M&A: Da Capo Lifelong Books.
2. ICDL (Interdisciplinary Council on Developmental and Learning Disorders). (n.d.). *ICDL: DIR/Floortime.* www.icdl.com. Acessado em 10 de junho de 2012.
3. Wieder, S. e Greenspan, S. I. (2003). Climbing the symbolic ladder in the DIR model through Floor Time/interactive play. Autism, 7(4), 425-435.
4. ICDL. (n.d.). *Floortime Overview.* www.icdl.com/dirFloortime/overview/index. shtml. Acessado em 10 de abril de 2012.
5. National Autism Center. (2009). *The National Standards Project: Addressing the Need for Evidence Based Practice Guidelines for Autism Spectrum Disorders.* Randolph, MA: National Autism Center.
6. The Early Intervention Network. (n.d.). *Enabling Families to Act Early Against Autism: Sorting Through Autism Treatments.* www.actearly.org/site/PageNavigator/ trt_sorting_treatments. Acessado em 10 de abril de 2012.

8. SUPLEMENTOS NUTRICIONAIS

1. Xia, R. R. (2011). Effectiveness of nutritional supplements for reducing symptoms in autism spectrum disorder. *Journal of Alternative and Complementary Medicine*, 17, 271-274.
2. Rossignol, D. A. (2009). Novel Antidepressivo emerging treatments for autism spectrum disorders: A systematic review. *Annals of Clinical Psychiatry*, *21*(4), 213-236.
3. Office of Dietary Supplements (ODS). (n.d.). *Dietary Supplements: What You Need to Know*. http://ods.od.nih.gov/pubs/DS_WhatYouNeedToKnow.pdf. Acessado em 10 de junho de 2012.
4. Kern, J. K.; Miller, V. S.; Cauller, L.; Kendall, R.; Mehta, J. e Dodd, M. (2001). Effectiveness of N, N-Dimethylglicine in autism and pervasive developmental disorder. *Journal of Child Neurology*, 16(3), 169-173.
5. Nye, C. e Brice, A. (2009). Combined vitamin B6-magnesium treatment in autism spectrum disorder. *Cochrane Database of Systematic Reviews*, (1).
6. Amminger, G. P.; Berger, G. E.; Schäfer, M. R.; Klier, C.; Friedrich, M. H. e Feucht, M. (2007). Omega-3 fatty acids supplementation in children with autism: A double-blind randomized, placebo-controlled pilot study. *Biological Psychiatry*, 61(4), 551-553.
7. Bent, S.; Bertoglio, K. e Hendren, R. L. (2009). Omega-3 fatty acids for autistic spectrum disoder: A systematic review. *Journal of Autism and Developmental Disorders, 39*(8), 1145-1154.
8. Meiri, G.; Bichovsky, Y. e Belmaker, R. (2009). Omega-3 fatty acid treatment in autism. *Journal of Child and Adolescent Psychopharmacology, 19*(4), 449-451.
9. Johnson, C. R.; Handen, B. L.; Zimmer, M. e Sacca, K. (2010). Polyunsaturated fatty acid supplementation in Young children with autism. Journal of Developmental and Physical Disabilities, 22, 1-10.
10. WIC (Special supplemental Nutrition Program for Women, Infants, and Children) Learning Online. (n.d.). Harmful Supplements. www.nal.usda.gov/wicworks/WIC-Learning-Online/support/jobs_aids/harmful.pdf. Acessado em 10 de junho de 2012.

9. DIETA SEM GLÚTEN/SEM CASEÍNA

1. Whiteley, P. e Shattock, P. (2002). Biochemical aspects in autism spectrum disorders: Updating the opioid-excess theory and presenting new opportunities for biomedical intervention. *Expert Opinion on Therapeutic Targets*, 6(2), 175-183.

2. Panksepp, J. (1979). A neurochemical theory of autism. *Trends in Neurosciences*, 2, 174-177.
3. Elder, J. H.; Shankar, M.; Shuster, J. Theriaque; D.; Burns, S. e Sherrill, L. (2006). The gluten-free, casein-free diet in autism: Results of a preliminary Double blind clinical trial. *Journal of Autism and Developmental Disorders*, 36(3), 413-420.
4. Mulloy, A.; Lang, R.; O'Reilly, M.; Sigafoos, J.; Lancioni, G. e Rispoli, M. (2011). Addendum to "gluten-free and casein-free diets in treatment of autism spectrum disorders: A systematic review". *Research in Autism Spectrum Disorders*, 5(1), 86-88.
5. Arnold, G. L.; Hyman, S. L.; Mooney, R. A. e Kirby, R. S. (2003). Plasma amino acids profiles in children with autism. *Journal of Autism and Developmental Disorders*, 33, 449-454.
6. Heiger, M. L.; England, L. J.; Molloy, C. A.; Yu, K. F., Manning-Courtney, P. e Mills, J. L. (2008). Reduced bone cortical thickness in boys with autism or autism spectrum disorders. *Journal of Autism and Developmental Disorders*, 38, 848-856.
7. National Autism Center. (2009*). The National Standards Project: Addressing the Need for Evidence Based Practice Guidelines for Autism Spectrum Disorders.* Randolph, MA: National Autism Center.

10. OXIGENOTERAPIA HIPERBÁRICA

1. WoundSource (n.d.). *FDA Approved Use for Hyperbaric Oxygen Therapy.* www.woundsource.com/blog/fda-approved-uses-hyperbaric-oxygen-therapy. Acessado em 5 de abril de 2012.
2. Gill, A. e Bell, C. (2004). Hyperbaric oxygen: Its used, mechanisms of action and outcomes. *QJM,* 97, 385-395.
3. Oxford Hyperbaric Oxygen Therapy Center. (n.d.) *Autism.* www.healingwithhbot.com/autism.asp. Acessado em 24 de abril de 2012.
4. Rossignol, D. (2007). Hyperbaric oxygen therapy might improve certain pathophysiological findings in autism. *Medical Hypotheses*, 68(6), 1208-1227.
5. Association for Science in Autism Treatment (ASAT). (n.d.) *Hyperbaric Oxygen Therapy.* www.asatonline.org/treatment/treatments/hyperb.htm. Acessado em 10 de junho de 2012.
6. Saft, G. (2005). *Hyperbaric Oxygen Healing: What is HBOT and How Can It Help?* www.hyperbaric-oxygen-ca.com. Acessado em 10 de junho de 2012.
7. Johns Hopkins Neuroimmunopathology Laboratory. (n.d.). FAQs: *The Meaning of Neuroinflammatory Findings in Autism.* www.neuro.jhmi.edu/neuroimmunopath/autism_faqs.htm. Acessado em 10 de junho de 2012.

8. Rossignol, D. e Rossignol, L. (2006). Hyperbaric oxygen therapy may improve symptoms in autistic children. *Medical Hypotheses*, 67(2), 216-228.
9. Rossignol, D. A.; Rossignol, L. W.; James, S. J.; Melnyk, S. e Mumper, E. (2007). The effects of hyperbaric oxygen therapy on oxidative stress, inflammation, and symptoms in children with autism: Na open-label pilot study. *BMC Pediatrics*, 7(1), 36.
10. Rossignol, D. A.; Rossignol, L. W.; Smith, S.; Schneider, C. *et al.* (2009). Hyperbaric treatment for children with autism: A multicenter, randomized, double-blind, controlled trial. *BMC Pediatrics*, 9(1), 21.
11. Granpeesheh, D.; Tarbox, J.; Dixon, D. R.; Wilke, A. E.; Allen, M. S. e Bradstreet, J. J. (2010). Randomized trial of hyperbaric oxygen therapy for children with autism. *Research in Autism Spectrum Disorders*, 4(2), 268-275.
12. Jepson, B.; Granpeesheh, D.; Tarbox, J.; Olice, M. *et al.* (2011). Controlled evaluation of the effects of hyperbaric oxygen therapy on the behavior of 16 children with autism spectrum disorders. *Journal of Autism and Developmental Disorders*, 41, 575-588.

11. O MÉTODO MILLER

1. Miller, A. e Eller-Miller, E. (2000). The Miller Method: A cognitive-developmental systems approach for children with body organization, social, and communication issues. In S. Greenspan e D. Weider (Eds.) *The ICDL Clinical Practice Guidelines Redefining the Standards of Care for Infants, Children, and Families with Special Needs*. Bethesda, MD: Interdisciplinary Council on Developmental and Learning Disorders.
2. Miller, A. e Miller, E. E. (1973). Cognitive-developmental training with elevated boards and sign language. *Journal of Autism and Childhood Schizophrenia*, 3(1), 65-85.
3. Miller, A. (n.d.). *The Miller Method: For Children with Autism Spectrum and Severe Learning Disorders*. http://millermethod.org. Acessado em 10 de junho de 2012.
4. Cook, C. E. (1998). The Miller Method: A case study illustrating use of the approach with children in autism in interdisciplinary settings. *Journal of Developmental and Learning Disorders*, 2(2), 231-264.

12. MUSICOTERAPIA

1. American Music Therapy Association (AMTA). (n.d.). *Music Therapy Fact Sheets and Bibliographies*. www.musictherapy.org/research/factsheets. Acessado em 5 de abril de 2012.

2. Wimpory, D. C.; Chadwick, P. e Nash, S. (1995). Brief report. Musical Interaction Therapy for children with autism: An evaluative case study with two-year follow-up. *Journal of Autism and Developmental Disorders*, 25(5), 541-552.
3. Evers, S. (1992). Music Therapy in the treatment of autistic children: Medico-sociological data from the Federal Republic of Germany. *Acta Paedopsychiatrica*, 55, 157-158.
4. Whipple, J. (2004). Music in intervention for children and adolescents with autism: A meta-analysis. *Journal of Music Therapy*, 41, 90-106.
5. Boso, M.; Emanuele, E.; Minazzi, V.; Abbamonte, M. e Politi, P. (2007). Effect of long-term interactive music therapy on behavior profile and musical skills in young adults with severe autism. *Journal of Alternative and Complementary Medicine*, 13(7), 709-712.
6. Kim, J.; Wigram, T. e Gold, C. (2008). The effects of Improvisional Music Therapy on joint attention behaviors in autistic children: A randomized controlled study. *Journal of Autism and Developmental Disorders*, 38(9), 1758-1766.
7. National Autism Center. (2009). *The National Standards Project: Addressing the Need for Evidence Based Practice Guidelines for Autism Spectrum Disorders*. Randolph, MA: National Autism Center.

13. PROGRAMA DE CONSULTORIA DOMICILIAR DO PROJETO P.L.A.Y.

1. Greenspan, S. I. e Wieder, S. (1997). Developmental patterns and outcomes in infants and children with disorders in relating and communicating: A chart review of 200 cases of children with autistic spectrum diagnoses. *Journal of Developmental and Learning Disorders*, 1, 87-141.
2. Solomon, R.; Necheles, J.; Ferch, C. e Bruckman, D. (2007). Pilot study of a parent training program for Young children with autism: The PLAY Project Home Consultation program. *Autism*, 11(3), 205-224.
3. National Autism Center: (2009). *The National Standards Project: Addressing the Need for Evidence Based Practice Guidelines for Autism Spectrum Disorders*. Randolph, MA: National Autism Center.

14. INTERVENÇÃO PARA O DESENVOLVIMENTO DO RELACIONAMENTO

1. Gutstein, S. E. e Sheeley, R. K. (2002). *Relationship Development Intervention with Young Children: Social and Emotional Development Activities for Asperger Syndrome, Autism*, PDD and NLD. Londres: Jessica Kingsley.

2. Capps, L.; Kasari, C.; Yirmiya, N. e Sigman, M. (1993). Parental perception of emotional expressiveness in children with autism. *Journal of Consulting and Clinical Psychology*, 61(3), 475-484.
3. Minshew, N. J.; Sweeney, J. e Luna, B. (2002). Autism as a selective disorder of complex information processing and underdevelopment of neocortical systems. *Molecular Psychiatry*, 7, S14-S15.
4. Gutstein, S. E.; Burgess, A. F. e Montfort, K. (2007). Evaluation of the relationship Development Intervention Program. *Autism*, 11(5), 397-411.
5. National Autism Center. (2009). *The National Standards Project: Addressing the Need for Evidence Based Practice Guidelines for autism Spectrum Disorders*. Randolph, MA: National Autism Center.

15. TERAPIA DE INTEGRAÇÃO SENSORIAL

1. Ayres, A. J. (1972*). Sensory Integration and Learning Disorders*. Los Angeles, CA: Western Psychological Services.
2. Schaaf, R. C. e Miller, L. J. (2005). Occupational therapy using a sensory integrative approach for children with developmental disabilities. *Mental Retardation and Developmental Disabilities Research Reviews*, 11(2), 143-148.
3. Dawson, G. e Watling, R. (2000). Interventions to facilitate auditory, visual and motor integration in autism: A review of the evidence. *Journal of autism and Developmental Disorders*, 30, 415-421.
4. Pfeiffer, B. A., Koenig, K.; Kinnealey, M.; Sheppard, M. e Henderson, L. (2011). Research Scholars Initiative. Effectiveness of sensory integration interventions in children with autism spectrum disorders: A pilot study. *American Journal of Occupational Therapy*, 65, 76-85.
5. National Autism Center. (2009). *The National Standards Project: Addressing the Need for Evidence Based Practice Guidelines for Autism Spectrum Disorders*. Randolph, MA: National Autism Center.
6. American Academy of Pediatrics. (2001). Technical report: The pediatrician's role in the diagnosis and management of Autistic Spectrum Disorder in children. *Pediatrics*, 107(5), E85-E85.
7. Healing Thresholds. (n.d.). *Autism Therapy: Sensory Integration*. http://autism.healingthresholds.com/therapy/sensory-integration. Acessado em 5 de abril de 2012.

16. O PROGRAMA SON-RISE

1. Autism Treatment Center of America (n.d.). *The Son-Rise Program*. www.autismtreatmentcenter.org. Acessado em 10 de junho de 2012.

2. Kaufman, B. N. (1976). *Son-Rise*. Nova York: Harper & Row.
3. Kaufman, B. N. (1994). *Son-Rise: The Miracle Continues*. Tiburon, CA: H. J. Kramer.
4. National Autism Center. (2009). *The National Standards Project: Addressing the Need for Evidence Based Practice Guidelines for Autism Spectrum Disorders*. Randolph, MA: National Autism Center.

17. TEACCH

1. University of North Carolina, Chapel Hill. (2006). *Division TEACCH*. http://teacch.com/about-us-1/what-is-teacch. Acessado em 8 de agosto de 2012.
2. Schopler, E.; Mesibov, G. B. e Hearsey, K. (1995). Structured teaching in the TEACCH system. In E. Schopler e G. B. Mesibov (Eds.) *Learning and Cognition in Autism*. Nova York: Plenum Press.
3. Autism-PDD.Net. (n.d.) *Using TEACCH for Autism Treatment*. www.autism-pdd.net/teacch.html. Acessado em 15 de abril de 2012.
4. Mesibov, G. B. e Shea, V. (2010). The TEACCH Program in the era of evidence-based practice. *Journal of Autism and Developmental Disorders*, 40(5), 570-579.
5. Panerai, S.; Zingale, M.; Trubia, G.; Finocchiaro, M. *et al*. (2009). Special education versus inclusive education: The role of the TEACCH Program. *Journal of Autism and Developmental Disorders*, 39(6), 874-882.
6. Panerai, S.; Ferrante, L.; Caputo, V. e Impellizzeri, C. (1998). Use of structured teaching for treatment of children with autism and severe and profound mental retardation. *Education and Training in Mental Retardation and Developmental Disabilities*, 33, 367-374.
7. Tsang, S. M.; Shek, D. L.; Lam, L. L.; Tang, F. Y. e Cheung, P. P. (2007). Brief Report. Application of the TEACCH Program on Chinese pre-school children with autism: Does culture make a difference? *Journal of Autism and Developmental Disorders*, 37(2), 390-396.
8. National Autism Center. (2009). *The National Standards Project: Addressing the Need for Evidence Based Practice Guidelines for Autism Spectrum Disorders*. Randolph, MA: National Autism Center.

ÍNDICE REMISSIVO

A

Ácido fólico, 76
Ácidos graxos essenciais. *ver* Ácidos graxos
Ácidos graxos, 72, 76
Amadurecimento, 25
Análise Comportamental Aplicada (ACA), 31-40, 113, 138
   Licença para praticar, 32-3, 36-7
   Projeto de Normas Nacionais e, 39
Análise Comportamental Funcional, 32-3
Ann Arbor Center for Developmental and Behavioral Pediatrics, 116
Ansiolíticos, 155, 157-58 *ver* também Medicamentos
Antidepressivos, 155, 157-58 *ver* também Medicamentos
Apoio empírico, 21
Asperger, 22
Associação Nacional para Musicoterapia, 105
Association of Professional Music Terapists, 107-8
Autismo, 17

Avaliação para o Desenvolvimento do Relacionamento (RDA), 124
Ayers, Anna J., 130

B

BCABA. *ver* Análise Comportamental Aplicada, licença
BCBA, *ver* Análise Comportamental Aplicada, licença
BH4, 75

C

Caseína, 79
Cego, 22-3 *ver também* duplo-cego
Centro de Tratamento de Autismo da América, 137 *ver também* Programa Son-Rise
Centro Nacional de Autismo *ver* Projeto de Normas Nacionais
Conflito de interesse, 23-4
Conselho Interdisciplinar sobre Transtornos do Desenvolvimento e da Aprendizagem (ICDL), 69
Consequências, 41
   aversivas, 36

Controle, experimental, 22-25
Cultura do autismo, 146

D

Desconforto/transtornos gastrintestinais, 71, 80
Desnutrição, 86
Diagnóstico, 17
Dieta sem glúten/sem caseína (SGSC), 79-87
   fora de casa, 82
   Projeto de Normas Nacionais e, 86
   riscos de, 85-6
Dietas
   restrita, 71-2
   SGSC *ver* dieta sem glúten e sem caseína
disfunção da integração sensorial, 131-2 *ver* também distúrbio de processamento sensorial
Distúrbio de processamento sensorial, 133 *ver* também Disfunção de integração sensorial
DMG (dimetilglicina), 73, 76
Duplo-cego, 22-3

E

Eller-Miller, Eileen, 97-8
Ensino estruturado, *ver* TEACCH
Ensino por tentativa discreta, 33-5
Entrevista Diagnóstica para o Autismo – Revisada (ADI-R), 126

Envenenamento por metal pesado, 41
Enzimas, 73
Escala de Avaliação Emocional Funcional, 117
Espectro, 18
Estimulantes, 154-5, 157-58
Estudo cruzado, 25
Estudo de caso, 23
Evidências. *ver* Apoio empírico

F

Floortime, 63-70, 113, 118
   Projeto de Normas Nacionais e, 68 *ver* também Modelo de desenvolvimento da diferença individual baseado no relacionamento
Food and Drug Administration (FDA), 15, 41-42, 71, 74, 89
   fármacos aprovados para autismo, 154-5
Fraude científica, 23-4

G

Glúten, 79
Greenspan, Stanley, 63, 69, 113
Grupo de controle sem tratamento, 24-5
Gutstein, Steven, 121

H

Heterogêneo, 25

Homogeneidade, 25

I

Inteligência dinâmica. *ver*
Intervenção do Desenvolvimento
do Relacionamento (IDR)
Intervenção comportamental
precoce intensiva (EIBI), 31, 38,
113-4
Intervenção para o Desenvolvimento
do Relacionamento (RDI), 121-8
certificação, 124
inteligência dinâmica, 122-3
Objetivo de Normas Nacionais,
126
Relacionamento com Participação
Orientada (GRP) 122

J

Juntar-se ao comportamento autista,
139-40

K

Kaufman, família, 137
Kitahara, Kiyo, 57

L

L-carnitina, 76
LCDC. *ver* Método Miller, Centro de
Desenvolvimento da Linguagem
(LCDC)

Licença, 15
Lovaas, O, Ivar, 32
método, 33-5
Projeto de Intervenção Precoce,
37

M

Magnésio, 72, 76
Massoterapia, 49, 51-2
Medicamentos, 58-59, 153-58
antidepressivos/ansiolíticos, 155,
157-58
aprovação da FDA para, 154
decisões sobre, 154
estabilizadores de humor, 155,
157-58
estimulantes, 154-5, 157-58
lista de, 157-58
prescrição "off label", 155-6
Melatonina, 72, 76
Mercúrio, 41-45
Meta-análise, 26, 28
métodos científicos, 21-30
Miller Umwelt, Avaliação, 103
Miller, Arnold, 97-8
Miller, Método de, 97-104
Centro de Linguagem e
Desenvolvimento (LCFC),
102-3
quadrado elevado, 89
sistemas, 98-9
Modelo de desenvolvimento da
diferença individual baseado no
relacionamento (DIR), 63-69, 113

princípios básicos, 64-6 *ver também*, Floortime
Musicoterapia, 105-12
certificação em, 108
Projeto de Normas Nacionais, 111

N

Nutrição, deficiências, 71

O

Observação Diagnóstica para o Autismo (ADOS), 126
"Off label", prescrições, 155-6
Osteopatas, 47

P

Pesquisas prospectivas, 26-8
Pesquisas retrospectivas, 26-8
Piaget, 98
Placebo, 23, 25-6
Probióticos, 73
Programa Option, 141
Programa Son-Rise, 137-143
Projeto de Consultoria Domiciliar P.L.A.Y. (PPHC), 113-9
Projeto de Normas Nacionais e, 117-8
Projeto de Normas Nacionais, 38-9, 53-4
Análise Comportamental Aplicada (ABA), 38-9
dieta sem glúten e sem caseína, 86

Floortime, 68
Intervenção para o Desenvolvimento do Relacionamento (RDI), 126
musicoterapia, 111
Projeto P.L.A.Y., 117-8
TEACCH, 151
Terapia de Integração Sensorial, 134
tratamentos emergentes, 68, 111, 117-8, 126, 151
tratamentos não estabelecidos, 86, 134
Punição, 36

Q

Quadrado elevado, 99
Quelação, 41-47
segurança, 42-4, 45
Quelante, 41
Quiropráticos, 49

R

Randomização, 23, 27-8
Reforço positivo, 31, 33
Reforço positivo, 31, 33
Relacionamento com Participação Orientada (RPO), 122
Revisões de pesquisas, 28
Ritmo craniossacral, 49, 53

S

Sensibilidade alimentar, 80

Significância clínica, 29-30
Significância estatística, 28-30
Solomon, Richard, 113, 116-7
Suplementos nutricionais, 71-8
  efeito placebo e, 75
  toxicidade de, 73, 77
Suplementos nutricionais, 71-8
  efeitos placebo e, 75
  toxicidade, 73, 77
Sutherland, William, 49

T

tamanho de amostra, 28-9
Tamanhos do efeito, 29-30
Taxas de Resposta com Placebo, 75
TEACCH (Tratamento e Educação
  de Crianças Autistas e com
  Deficiências Relacionadas de
  Comunicação), 145-53
  ensino estruturado, 146-8
  Projeto de Normas Nacionais, 151
Teoria do excesso de opioides, 80-1,
  84
Terapia baseada em brincadeiras, 67
Terapia com oxigênio hiperbárico
  (HBOT), 89-96
  aprovação limitada da FDA para,
  89-90
  segurança da, 96
Terapia craniossacral (TCS) 49-55
  licença, 50
Terapia da Vida Diária (DLT), 57-62
  escolas, 58-9
  medicamentos e, 59

Terapia de Integração Sensorial
  (TIS), 129-136
  princípios básico, 131
  Projeto de Normas Nacionais,
  134
Terapia/terapeutas ocupacionais, 49,
  130
Thimerosal, 44
TMG (trimetilglicina), 76
Transtorno do espectro do autismo
  (TEA), 17, 21
Transtorno invasivo do
  desenvolvimento (TID), 22
Tratamento não estabelecido. *Ver*
  Projeto de Normas Nacionais
Tratamentos emergentes. *Ver* Projeto
  de Normas Nacionais
Tratamentos estabelecidos. *ver*
  Projeto de Normas Nacionais
Treinamento de resposta essencial,
  31, 33 *ver também* Análise
  Comportamental Aplicada (ABA)

U

Upledger Institute, 51-2, 55

V

Vacinas, 43, 44
Vitamina B12 76
Vitamina B15, 73
Vitamina B6, 72, 75
Vitamina C, 72-3, 77

Vitaminas. *ver* Suplementos
nutricionais
vocabulário científico, 21-30

Y

Young Autism Project (YAP), 32